JN011296

改訂版

オールカラー

中学校の歴史が1冊でしっかりわかる本

代々木ゼミナール講師

重野陽二郎

本書は、小社より2018年に刊行された『中学校の歴史が1冊でしっかりわかる本』を、2021年度からの新学習指導要領に対応させた改訂版です。

かんき出版

はじめに
すべての歴史学習の最初の1冊！

「歴史って暗記科目でしょ？」と思い込んでいる中学生や高校生。
「覚えることが多くて嫌いだったけど、今なら歴史もおもしろいかも」、
「社会人の教養として、歴史の基本くらい知っておきたい」という大人。
　そんなみなさんにぜひ読んでいただきたいという思いで、この本を執筆しました。

　歴史は、人々が暮らしてきたあゆみであり、行動の"あしあと"です。昔の人々が書き残した書物などを手がかりとして、それらをじっくりと読み解いていくのが、歴史という学問のおもしろいところです。
　文明の発展、大衆に受け入れられてきた文化、国と国とのつながりなど、過去に起こった出来事は、私たちにいろいろなことを教えてくれます。歴史に学び、歴史を知ることで、未来を豊かにすることもできるのです。

　私は、代々木ゼミナールという大学受験の予備校で、日本史の講義を担当している重野陽二郎といいます。普段は受験生に日本史を教えたり、高校に出向いて日本史の指導をしたりしています。
　ときどき、「嫌いだった歴史が好きになった！」「歴史に興味が持てるようになって、歴史学科に進学しちゃいました」という声をもらうことがあります。私の授業で歴史のおもしろさに気づき、塾や高校で日本史の先生になっている生徒もいます。彼ら、彼女らはみんな、歴史を暗記科目だと思っていません。古代から現代まで、たくさんの人が試行錯誤し、ときには争いながら積み重ねてきた過去を、わくわくしながら学び、吸収しているのです。

　本書では、中学校で学ぶ歴史の内容をできるだけていねいに、事実だけでなく、「流れ」や「つながり」がわかるように解説しています。「暗記」は忘れたらそこで終わりですが、本質を「理解」していれば、いつでも深く考えをめぐらせることができます。
　本書を読んだ皆さんに、脈々と続く歴史のダイナミックさを味わっていただけることを願っています。

『改訂版 中学校の歴史が 1冊でしっかりわかる本』の7つの強み

その1 　流れを大づかみ！　で全体像をざっくりつかむ！

　すべての項目の最初に、その項目で一番のポイントとなる 流れを大づかみ！ を掲載しています。その時代のできごとについて、「なぜ起こったのか」「それからどうなったのか」という「流れ」や「つながり」を大づかみに理解することで、その項目の全体を見通すことができます。

その2 　ひとことポイント！　で視野を広げて詳しく学べる！

　各項目の右ページ上には ひとことポイント！ を掲載しています。本文の内容からピックアップしたことを、学校では教えてくれない知識も含めて、詳しく解説しています。用語を無機質に覚えるのではなく、人物や出来事の背景を知ることによって、歴史への理解がさらに深まるようになっています。

その3 　「いつ」「どこで」「なぜ」が流れとともに理解できる！

　歴史上の出来事は、原因と結果がハッキリしています。しかし、用語を穴埋めするだけの参考書では、そうした因果関係を理解することができません。そこで本書では、中学校で学ぶ歴史の大切なポイントをおさえながら、それぞれの出来事の原因と結果について、できるだけていねいに解説しています。歴史の背景を知ることで、過去の出来事が今につながっていることを実感してください。

その4 　自然と頭に入ってくる構成！

　本文の項目の順序は、中学校で使用されている教科書（2021年度からの新学習要領に準拠）とほとんど同じになっています。ざっくりと学び直しをしたいみなさんは、まずは

一度、本書を通して読んでみてください。そして、流れがなんとなく頭に入ったら、もう一度読んでください。さらに歴史の理解が深まり、知識を定着させることができるはずです。定期テストの勉強をしたいみなさんは、出題範囲の少し前の時代から読むことをオススメします。

その5 写真や図版を多用したこだわり！

歴史には、その当時に記された書物や作品や写真が残っている場合があります。それらを多用することで、歴史を過去のものではなく、実際にあった出来事として、よりイメージできるようにしました。

その6 用語集としても使える索引つき！

巻末には、本書で登場する重要用語とその意味を「意味つき索引」として掲載しています。本書を読んで用語の意味が気になった時はもちろん、ニュースや歴史ドラマで知らない言葉が出てきた時、テスト前に一問一答で確認したい時などに、幅広く活用してください。

その7 各項目にふりかえり問題 コレだけはおさえておこう！ を掲載！

「覚える」勉強から「考える」勉強が重視されるなかで、"学習のキモ"をつかむために厳選した問題 コレだけはおさえておこう！ を用意しました。

本文をしっかり理解できたかどうかを確認して、「知識が自分のものになった」ことを実感してください。

本書の使いかた

❶ 各 PART で
学ぶ単元です

❸ この見開きの
大まかな流れです

❻ 各項目の学びを深めるための解説です。本文の内容に関する具体的な例や、「どうしてそうなったのか？」という背景がわかります

❷ この見開き 2 ページで
学ぶ時代と項目です

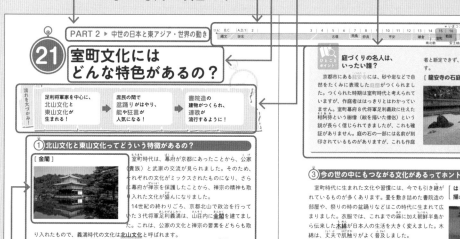

PART 2 ▶ 中世の日本と東アジア・世界の動き

21 室町文化にはどんな特色があるの？

足利将軍家を中心に、北山文化と東山文化が生まれる！ → 庶民の間で盆踊りがはやり、能や狂言が人気になる！ → 書院造の建物がつくられ、連歌が流行するように！

① 北山文化と東山文化ってどういう特徴があるの？

【金閣】

室町時代は、幕府が京都にあったことから、公家（貴族）と武家の交流が見られます。そのため、それぞれの文化がミックスされたものになり、さらに幕府が禅宗を保護したことから、禅宗の精神も取り入れた文化が盛んになりました。

14世紀の終わりごろ、京都北山で政治を行っていた3代将軍足利義満は、山荘内に金閣を建てました。これは、公家の文化と禅宗の要素をどちらも取り入れたもので、義満の時代の文化は北山文化と呼ばれます。

15世紀後半になると、8代将軍足利義政が、金閣にならって京都東山に銀閣を建てました。その敷地内には、墨一色で描かれた水墨画や陶磁器などを飾る床の間を持つ書院造の建物がつくられました。畳を敷き詰め、ふすまで部屋が独立したこのつくりは、現在の和風住宅のもとになっています。義政時代の文化は東山文化と呼ばれます。

② 庶民にはどんな文化が広がったの？

室町時代には、村や町で自立した動きが進んだことで、民衆はさまざまな文化を持つようになりました。京都では応仁の乱で途絶えていた祇園祭が復活し、農村では惣（惣村）の中心である村の神社の祭りが盛んになり、念仏踊りから盆踊りも生まれました。

平安時代より行われていた芸能に、田植えの時の歌や踊りから生まれた田楽や、物まね芸である猿楽がありましたが、これらを合わせた芸能として、足利義満の保護を受けた観阿弥と世阿弥の親子によって能（能楽）が完成しました。そして能の合間には人々の失敗談を笑い飛ばす喜劇である狂言が演じられました。このほか、『浦島太郎』や『物くさ太郎』といった、庶民を主人公にしたお伽草子と呼ばれる絵本もつくられるようになりました。

48

ひとこと ポイント 庭づくりの名人は、いったい誰？

京都市にある龍安寺には、砂や岩などで自然をたくみに表現した庭園がつくられました。つくられた時期は室町時代と考えられていますが、作庭者ははっきりとはわかっていません。室町幕府8代将軍足利義政に仕えた相阿弥という画僧（絵を描いた僧侶）という説が長らく信じられてきましたが、これも確証がありません。庭の石の一部には名前が刻印されているものがありますが、これも作庭者と断定できず、いまだ作庭者は謎のままです。

【龍安寺の石庭】

③ 今の世の中にもつながる文化があるってホント？

室町時代に生まれた文化や習慣には、今でも引き継がれているものが多くあります。畳を敷き詰めた書院造の部屋や、祭りの時の盆踊りなどはこの時代に生まれて広まりました。衣服では、これまでの麻に加え朝鮮半島から伝来した木綿が日本人の生活を大きく変えました。木綿は、丈夫で肌触りがよく普及しました。

そのほか、能（能楽）や狂言に加え茶の湯や生け花なども室町時代にはじまりました。応仁の乱がはじまると、京都の公家や僧が、戦いを避けるために地方に移り住んだため、和歌の上の句と下の句を別々の人がつくる連歌などの都の文化が地方にも伝えられるようにもともと、民衆の生活と結びついた文化として広がりました。正月や節句、村祭りなどもこの時代から庶民の間で楽しまれるようになったものです。

【はじめのころの能の舞台が描かれた『洛中洛外図屏風』】

✓ コレだけはおさえておこう！

① 足利義満の時代に栄えた文化は、[　　]文化と呼ばれる。

② [　　]は、畳を敷き詰め床の間を持つ部屋のつくりである。

③ 観阿弥・世阿弥親子によって[　　]が完成した。

④ 和歌の上の句と下の句を別々の人がつくる[　　]が地方にも伝わった。

答え ①北山 ②書院造 ③能（能楽） ④連歌

49

❹ 大切な要素を理解しやすいように、写真やイラストがたくさんあります。解説と合わせて確認しましょう

❺ 基礎をおさえた、詳しくてていねいな解説です

❼ 項目ごとのふりかえり問題です。下の答えを隠しながら、内容を理解できたかチェックしましょう

特典動画の視聴方法

この本の特典として、「先生オススメの歴史勉強法」「この本の読みかた」の動画を、パソコンやスマートフォンから視聴することができます。日常の学習に役立ててください。

1 インターネットで下記のページにアクセス

パソコンから https://kanki-pub.co.jp/pages/ysrekishi/

スマートフォンから
QRコードを読み取る

2 入力フォームに、必要な情報を入力して送信すると、動画の URL がメールで届く

3 URL をクリックかタップして視聴する

もくじ

はじめに ………………………………………… 2

『改訂版 中学校の歴史が1冊で
しっかりわかる本』の7つの強み ………… 3

本書の使いかた ……………………………… 5

特典動画の視聴方法 ………………………… 5

PART 1 原始・古代の日本と 東アジア

01 人類はどうやって現れたの？
[石器時代] ……………………………… 8

02 世界のどこに文明が生まれたの？
[石器時代・縄文時代] ………………… 10

03 中国やヨーロッパには
どんな文明ができたの？
[縄文時代・弥生時代] ………………… 12

04 日本列島はいつできたの？
[縄文時代・弥生時代] ………………… 14

05 卑弥呼の邪馬台国ってどんな国？
[弥生時代] ……………………………… 16

06 大和政権（ヤマト王権）の大王って
どんな存在？
[飛鳥時代] ……………………………… 18

07 聖徳太子はどんなことをしたの？
[飛鳥時代] ……………………………… 20

08 大化の改新って何が起こったの？
[飛鳥時代] ……………………………… 22

09 律令体制ってどういうしくみ？
[奈良時代] ……………………………… 24

10 奈良時代の文化にはどんな特色があるの？
[奈良時代] ……………………………… 26

11 平安京に都が移ったころは
どんな様子だったの？
[平安時代] ……………………………… 28

12 藤原氏の摂関政治ってどんな政治？
[平安時代] ……………………………… 30

13 貴族の時代にどうして武士が出てきたの？
[平安時代] ……………………………… 32

PART 2 中世の日本と 東アジア・世界の動き

14 源平の争乱で源頼朝はどうやって勝ったの？
[鎌倉時代] ……………………………… 34

15 鎌倉時代の政治と人々の暮らしはど
うだったの？
[鎌倉時代] ……………………………… 36

16 鎌倉時代に新しく生まれた仏教って？
[鎌倉時代] ……………………………… 38

17 モンゴル帝国はなぜ日本に襲来したの？
[鎌倉時代] ……………………………… 40

18 足利尊氏はどうやって幕府を開いたの？
[南北朝時代・室町時代] ……………… 42

19 中国や朝鮮とどのような交流があったの？
[室町時代] ……………………………… 44

20 民衆の一揆と応仁の乱はなぜ起こったの？
[室町時代] ……………………………… 46

21 室町文化にはどんな特色があるの？
[室町時代] ……………………………… 48

PART 3 近世の日本と世界

22 イスラム教やキリスト教は
どのように変化したの？
[戦国時代] ……………………………… 50

23 ヨーロッパ人はなぜ日本にきたの？
[戦国時代] ……………………………… 52

24 織田信長と豊臣秀吉は
どのように天下を目指したの？
[安土桃山時代] ………………………… 54

25 桃山文化ってどんな特色があるの？
[安土桃山時代] ………………………… 56

26 徳川家康が開いた江戸幕府って？
[江戸時代] ……………………………… 58

27 鎖国政策にはどんな意味があったの？
[江戸時代] ……………………………… 60

28 江戸時代、日本は隣の国と
どんな関係だったの？
[江戸時代] ……………………………… 62

29 江戸時代の人々は
どんな暮らしをしていたの？
[江戸時代] ……………………………… 64

30 江戸時代にはどんな産業が発達したの？
[江戸時代] ……………………………… 66

31 元禄文化にはどんな特色があったの？
[江戸時代] ……………………………… 68

32 江戸幕府が取り組んだ政治改革って？
[江戸時代] ……………………………… 70

33 民衆の暮らしには
どんな変化が見られたの？
[江戸時代] ……………………………… 72

34 江戸時代に流行した学問って？
[江戸時代] ……74

PART 4 近代国家のあゆみと 国際社会

35 近代革命と産業革命で何が変わったの？
[幕末] ……76

36 19世紀の欧米諸国では何があったの？
[幕末] ……78

37 アジア諸国では どのような変化があったの？
[幕末] ……80

38 欧米諸国は日本に何をしにきたの？
[幕末] ……82

39 江戸幕府はどうして滅んだの？
[幕末] ……84

40 明治維新で何が起きたの？
[明治時代] ……86

41 富国強兵って何が行われたの？
[明治時代] ……88

42 文明開化って何だろう？
[明治時代] ……90

43 自由民権運動はなぜ起こったの？
[明治時代] ……92

44 明治時代の内閣と憲法の特徴って？
[明治時代] ……94

45 帝国議会と条約改正で何を目指したの？
[明治時代] ……96

46 日清・日露戦争は何を争ったの？
[明治時代] ……98

47 日本の産業はどのように発展したの？
[明治時代] ……100

48 明治時代に発生した社会運動って？
[明治時代] ……102

49 社会運動と明治の文化には どんな特徴があるの？
[明治時代] ……104

PART 5 二度の世界大戦と日本

50 第一次世界大戦に 日本はどう関係したの？
[大正時代] ……106

51 ロシア革命って どんな影響があったの？
[大正時代] ……108

52 民族運動はなぜ起こったの？
[大正時代] ……110

53 大正デモクラシーってどういうこと？
[大正時代] ……112

54 どんな社会運動が起こったの？
[大正時代] ……114

55 アメリカからはじまった 恐慌で何が起こったの？
[昭和戦前] ……116

56 中国大陸で軍部がしたことって？
[昭和戦前] ……118

57 日中戦争はどうしてはじまったの？
[昭和戦前] ……120

58 第二次世界大戦はどんな戦争だったの？
[昭和戦前] ……122

59 アジア・太平洋戦争で 日本が経験したことって？
[昭和戦前] ……124

60 戦争はどのように終わったの？
[昭和戦前] ……126

PART 6 現代の日本と世界

61 敗戦後の日本はどうなったの？
[昭和戦後] ……128

62 新しい憲法の特徴って？
[昭和戦後] ……130

63 冷たい戦争って？
[昭和戦後] ……132

64 日本はどのように国際社会へ復帰したの？
[昭和戦後] ……134

65 高度経済成長はどうして起こったの？
[昭和戦後] ……136

66 アメリカ・中国・韓国とは どのような関係にあったの？
[昭和戦後] ……138

67 冷たい戦争の後の日本の立場って？
[昭和戦後] ……140

68 今の日本を取り巻く環境って？
[昭和戦後・平成時代] ……142

69 グローバル化とSDGsって何？
[昭和戦後・平成時代・令和時代] ……144

意味つき索引 ……146

PART 1 ▶ 原始・古代の日本と東アジア

▼いまココ！
世紀 | B.C | A.D.1 | 2 |
縄文　弥生

01 人類はどうやって現れたの？

流れを大づかみ！

地球上に人類が現れ、火を使い言葉も使用するようになる！ ➡ 人々が移動しながら、道具を使って生活するようになる！ ➡ 農耕・牧畜がはじまり、弓矢や磨製石器も使いはじめた！

① 人類が現れた！

　今から約700万年前、**アフリカ大陸**でサルの一種からヒトの祖先が現れました。それが**人類**の祖先、**猿人**です。猿人は、2本の後ろ足（足）で立って歩く**直立二足歩行**ができました。そのため、大きな脳を支えられるようになり、さらに自由になった前足（手）を使い石などを**道具**として使うようにもなり、次第に知能が発達していきました。

　約260万年前からは**氷河時代**に入り、寒い時期の氷期と、比較的暖かい間氷期という時期が繰り返されるようになりました。そんななか、猿人の一部が約240万年前に**原人**へと進化しました。原人は、厳しい環境のなかを生き抜くため、暖を取ったり狩りや採集で手に入れた食べ物を加工したりするために火を使いはじめ、仲間どうしで意思を伝え合うために**言葉**も使うようになったのです。

② どんな生活をしていたの？

　原人は、手ごろな石どうしを打ち砕いた**打製石器**をつくり、厳しい環境のなか狩りや採集を行い、移動しながら生活していました。また、狩りの技術を発達させ、毛皮をまとって寒い気候にも適応できるようになりました。

　約20万年前になると、再びアフリカ大陸に進化した人類が現れました。私たちの直接の祖先にあたる**新人（ホモ・サピエンス）**です。新人は、巧みな打製石器をつくったり、骨角器といって動物の骨や角を加工して道具にしたりしました。さらに、洞窟に絵を描いたり墓をつくったりするような習慣も見られ、芸術や宗教が芽生えた様子があることがわかっています。

[人類の進化]

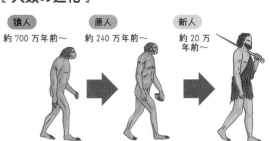

猿人　約700万年前〜　　原人　約240万年前〜　　新人　約20万年前〜

3	4	5	6	7	8	9	10	11	12	13	14	15	16	17	18	19	20	21
	古墳		飛鳥	奈良		平安				鎌倉	室町	戦国		江戸			明治	昭和	平成

南北朝　安土桃山　大正　令和

ひとことポイント！

洞窟で見つかった 1万5000年前の人の絵

フランス南部、赤ワインで有名な都市・ボルドーの近くに、ラスコーという地区があります。そこで見つかったラスコー洞窟の壁画は、飼い犬を探しに洞窟に入った4人の少年によって、たまたま発見されたものです。新人であるクロマニョン人が約1万5000年前に描いたこの壁画には、巨大なウシをはじめ、ウマやシカ、バイソン（野牛）など、約600点の動物が描かれています。現在は劣化が進んでしまい、残念ながら一部の研究者のみしか洞窟に入ることが許されていません。1979年には、世界遺産に登録されました。

[**ラスコー洞窟の壁画**]

③ 農耕と牧畜、どのようにはじまったの？

新人が打製石器を使って暮らしていた時代を**旧石器時代**といい、今から約1万年前まで続いていましたが、そのころから地球上の気温が上がりはじめました。すると、寒い気候に適していた大型動物が減っていき、すばしっこい小動物が増え、それを狩るために**弓矢**が発明されました。また、木を切ったり加工したりするために表面を磨いた**磨製石器**も登場しました。気温の上昇で食料になる木の実が増えはじめ、麦やあわ、稲といったよく実のなる野生の植物を育てるようにもなりました。こうしてはじまったのが**農耕**です。さらに、牛や羊などの家畜を飼いならす**牧畜**もはじまりました。こうして、農耕と牧畜がはじまった時代のことを**新石器時代**と呼んでいます。

[**打製石器と磨製石器**]

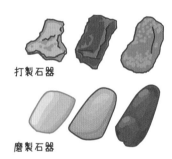

打製石器

磨製石器

✏️ コレだけはおさえておこう！

① 人類の最も古い祖先は猿人と呼ばれ、□□□□□大陸に現れた。

② 原人になると、火を使うようになり、仲間同士で意思を伝え合うために□□□□□を発達させた。

③ 現在の人類の直接の祖先にあたるのは□□□□□人である。

④ 農耕と牧畜がはじまり、磨製石器を使うようになった時代を□□□□□時代という。

▼いまココ！
| 世紀 | B.C | A.D.1 | 2 |
| 縄文 | 弥生 | | |

PART 1 ▶ 原始・古代の日本と東アジア

02 世界のどこに文明が生まれたの？

流れを大づかみ！

国家ができ、文字や暦がつくられ、文明が生まれる！ ➡ 世界各地で文明がおこり、川沿いに古代文明が誕生！ ➡ 仏教・キリスト教・イスラム教・儒教が生まれた！

① 文明のはじまり！

　新石器時代に入ると、アフリカやアジアの大河のほとりでは、**農耕**や**牧畜**が発達し、人々は衣食住のうち最も大切な食料を生産できるようになりました。しかし、その食料をめぐり争いが生じるようになり、幾度となく争いが繰り返された結果、**国家**が生まれました。

　国家ができると、王や貴族など国を支配する側と、農民や奴隷など支配される側に分かれていきました。そのうち、戦いや祭りに使う道具として**鉄器**や**青銅器**がつくられ、**文字**も発明されました。また、月の満ち欠けから**暦**も生まれました。さらに、争いを解決するために法律などが整備され、国家には都市が生まれました。こうして**文明**が生まれたのです。文明は、もっぱら川の流域で栄えました。

② 西アジアや南アジアで発展した文明は？

　西アジアのチグリス川とユーフラテス川の2つの川にはさまれた場所では**メソポタミア文明**が生まれました。メソポタミアでは、城壁に囲まれた巨大都市が現れ、れんがで神殿や宮殿がつくられたのです。政治は王が行い、銅とすずの合金である青銅

年代	できごと
紀元前3000年ごろ	メソポタミア文明がおこる
	エジプト文明がおこる
紀元前2600年ごろ	インダス文明がおこる

器がつくられ、また交易や支配をするために**楔形文字**が発明されました。

　アフリカではナイル川流域に**エジプト文明**が生まれました。ナイル川の定期的な氾濫を利用した農業を行っていたため、太陽の運行をもとにした太陽暦がつくられて増水や種まき、収穫に活かしました。また、氾濫後の土地整備のため測量術が発達し、ものの形をかたどった**象形文字**が発明されました。権力を持った王は、神の子としてあがめられ、ピラミッドなどはその権力の強さを示しました。

　南アジアではインダス川流域に**インダス文明**が生まれました。規則正しい計画都市がつくられ、上下水道や公衆浴場などの公共施設が整備されていました。**モヘンジョ・ダロ**はその都市遺跡の1つで、青銅器やインダス文字が使われていました。

楔形文字で刻まれたハンムラビ法典

ひとことポイント！

メソポタミアは、さまざまな民族が入れかわって支配しました。紀元前18世紀に初めてメソポタミアを統一したハンムラビ王は、王国内の諸民族を支配するために、282条からなるハンムラビ法典を制定しました。ハンムラビ法典の有名な言葉に「目には目を、歯には歯を」という

ものがあります。これは、加害者に対する刑罰を被害者が受けた被害と同等にとどめ、過剰な報復を禁じたものだといわれています。20世紀初めにフランスの調査隊によって発見されたハンムラビ法典は、現在、パリのルーブル博物館に収蔵されています。

[ハンムラビ法典]

　紀元前1500年ごろになると、中央アジアから遊牧民族が侵入してきて南アジアを支配し、バラモンとよばれる神官を頂点とする身分制度に基づく社会をつくりました。インドでは数学が発達し、十進法やアラビア数字、ゼロの概念などが考案されました。

③ 文明の広がりで生まれた宗教は？

　さまざまな文明が生まれた後、文明の混乱や交代が生じたことから、人々は救いや生き方を考えるようになりました。そうして生まれたのが**宗教**です。そのなかには、三大宗教と呼ばれる**仏教・キリスト教・イスラム教**などがあります。インドで生まれた**仏教**は、「人はみな平等であり、修行を積めば誰もが苦しみから救われる」と説きました。西アジアのパレスチナで生まれた**キリスト教**は、「神の前では

[主な宗教がおこった場所]

みな平等であり、神の愛によって誰もが救われる」と説きました。一方、アラビア半島で生まれた**イスラム教**は、「唯一の神であるアラーの前ではすべての人は平等である」と説きました。

✏️ コレだけはおさえておこう！

① 食料をめぐり争いが繰り返された結果、王が君臨する　　　　　　が生まれた。

② アフリカでは、ナイル川流域に　　　　　文明が発達した。

③ インダス文明の代表的な都市遺跡には、公共浴場などが整備された　　　　　　がある。

④ 　　　　　教では、「唯一の神であるアラーの前ではすべての人は平等である」と説かれた。

答え ①国家（国）　②エジプト　③モヘンジョ・ダロ　④イスラム

中国やヨーロッパには どんな文明ができたの？

黄河の流域に、優れた青銅器を用いる殷が成立！ ➡ 始皇帝が中国を統一し、中央集権を実現！ ➡ ギリシャは都市国家、ローマは共和政から帝政へ！

① 中国文明はどのように成立したの？

中国では、今から１万年ほど前に黄河や長江の流域で農耕が始まりました。紀元前16世紀には黄河の流域で殷がおこり、**甲骨文字**が用いられ、すぐれた青銅器がつくられました。殷は周に滅ぼされましたが、周はしだいにおとろえ、紀元前８世紀ごろには多くの国々が争う春秋・戦国時代になりました。各地の王は、国力を高めて他国よりも優位に立つために有能な人材を求めたことから、さまざまな思想家があらわれました。そのような思想家の１人に**孔子**がいます。孔子は、思いやりの心（仁）や正しい行い（礼）などを重んじ、道徳にもとづいた政治を説きました。その思想は弟子たちによって**儒教（儒学）**としてまとめられ、後の時代にまで大きな影響を与えました。

② 秦の始皇帝が中国を統一！

紀元前３世紀になると、**秦**が力を強め、周囲の国々を次々に征服していきました。紀元前221年には中国を初めて統一し、王は**始皇帝**を名乗りました。始皇帝は、文字や貨幣、長さ・容積・重さの単位を統一するなどして、強い中央集権体制をつくることに成功しました。また、北方の遊牧民族の侵入を防ぐために、各国が築いていた城壁を整備して**万里の長城**を築きました。

[万里の長城]

しかし、強い力による支配は反発を招き、始皇帝の死後まもなく、秦は滅ぼされて**漢**が成立しました。漢が中央アジアまで領土を広げると、**シルクロード**とよばれる交易路が開かれ、東西の交流が盛んになりました。

ひとことポイント！ 漢字のはじまりは甲骨文字

甲骨文字とは、漢字の起源となった文字のことです。亀の甲羅（亀甲）やイノシシ、シカなどの肩甲骨（獣骨）などに彫った、中国で最も古い象形文字です。中国に実在した古代王朝のなかで、最も古い王朝を殷といい、その殷の後期の遺跡のことを殷墟と呼びます。その殷墟から出土することが多く、1899年に初めて発見され解読が進みました。亀甲や獣骨を焼いて占った結果を小刀などで彫りつけており、書かれた内容は戦争や雨乞い、病気などに関するものなど多方面にわたっています。

[漢字のもととなった甲骨文字]

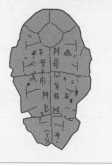

③ ヨーロッパではどんな文明が栄えたの？

　ギリシャでは、紀元前8世紀ごろに**都市国家（ポリス）**がつくられるようになりました。ポリスでは、成人男子の市民全員が参加する民会によって政治が行われる、**民主政**がとられていました。紀元前4世紀には、北方のマケドニア王国が力をのばし、**アレクサンドロス大王**によってギリシャが征服されました。アレクサンドロス大王はさらに東方へ遠征し、ペルシャ王国をほろぼし、インダス川にまで到達しました。その結果ギリシャの文化とオリエント（エジプトやメソポタミア）の文化が融合する**ヘレニズム文化**がおこりました。

　イタリアでは、紀元前6世紀ごろから**ローマ**を中心に**共和政**が始まり、しだいに領土を拡大して、紀元前2世紀にはマケドニアやギリシャを征服しました。紀元前30年ごろには地中海沿岸全域を支配し、皇帝を頂点とする帝政（**ローマ帝国**）へと変化しました。道路網や水道が整備され、ローマにはコロッセオ（闘技場）などがつくられました。

[ローマ帝国の最大領域]

コレだけはおさえておこう！

① 殷では、占いの結果を記録するために [　　　　] が用いられた。

② 秦の始皇帝は、遊牧民族の侵入を防ぐために [　　　　] を整備した。

③ ギリシャを征服した [　　　　] 大王は、東方に遠征しインダス川まで到達した。

④ [　　　　] 帝国の首都には、コロッセオ（闘技場）などがつくられた。

答え　①甲骨文字　②万里の長城　③アレクサンドロス　④ローマ

PART 1 ▶ 原始・古代の日本と東アジア

▼ いまココ！
世紀	B.C	A.D.1	2
縄文		弥生	

04 日本列島は いつできたの？

流れを大づかみ！

大陸と陸続きだった日本が、海面上昇のため列島に！	➡	縄文土器や、たて穴住居・貝塚・土偶がつくられる！	➡	大陸から稲作と金属器が伝わり、青銅器や鉄器も登場！

① 日本列島はどうやって生まれたの？

日本列島に人が住みはじめたのは、今から4万～3万年前ほど前のようです。そのころの日本は氷期のため今よりも気温が低くて寒く、降り積もった雪が解けずに海水が少なかったことから、海面は今より100mも低かったのです。そのため、日本列島は大陸と**陸続き**になっていて、大陸よりナウマンゾウやオオツノジカが移り住んでいました。すると、こうした大型動物を追って人々も移動してきました。人々は、これらを捕獲するため**打製石器**をつくりました。

その後、気温が急上昇したため氷が解けて**海面が上昇**し、それまで大陸とつながっていた日本列島が大陸から切り離され、現在とほぼ同じ姿になりました。こうして日本列島が誕生したのです。

② 土器はいつ生まれたの？

日本列島では、気候が温暖化したことで森林が広がり、食用となる植物が増えました。急激な気候変化で絶滅した大型動物に代わり、イノシシやシカなどの中小動物が増え、魚や貝なども獲られるようになるなど、食生活が豊かになりました。

日本列島に住んでいた人々は、食用の植物を煮て食べるため土器をつくりはじめました。厚手で低温で焼かれているため黒褐色をしたこの土器は、表面に縄目の文様があるものが多いことから**縄文土器**といいます。そこで、そのころを**縄文時代**、その文化を**縄文文化**と呼びます。

縄文時代、人々は**たて穴住居**に住むようになり、海岸や水辺近くには食べ物の残りかすを捨てた**貝塚**ができました。豊かな実りを祈るためと考えられる**土偶**もつくられました。

[縄文土器]

人の形をかたどった土偶

特の形をしているものもあります。

土偶とは、人物をかたどった土製品のことで、縄文時代の中期から後期にかけて製作されました。特に東日本から多く出土しており、乳房や妊婦のような姿が表現されていることから、そのほとんどが女性を表しています。国内で見つかっている土偶は、そのほとんどが頭や手、胴、足などを意図的に壊してありますが、それは安産や豊かな収穫を願うためと考えられています。さまざまな種類のものがあり、ハート型土偶や遮光器土偶など、独

[土偶]

③ 稲作はどうやってはじまったの？

縄文時代の終わりごろ、中国や朝鮮半島から九州北部へ渡来してきた人々によって**稲作**と**金属器**が伝わりました。稲作が西日本から東日本へと広がっていくと、米の煮たきや保存用として、縄文土器より薄くてかたく赤褐色の**弥生土器**がつくられるようになりました。そこで、この時代を**弥生時代**、その文化を**弥生文化**と呼びます。

稲作では、人々は木製の鋤や鍬で耕作を行い、稲が実ると石包丁を使って稲穂を摘み取り、収穫した稲はネズミや湿気から守るために**高床倉庫**に貯蔵しました。水田の近くに村をつくって住むようになり、稲作の時は多くの人が協力して農作業を行いました。

稲作とともに伝わった金属器では、もともとは武器だった銅剣、銅矛などの**青銅器**が祭りの道具として使われました。また、青銅器よりかたい**鉄器**は武器や農具として使われました。人々は、稲作を中心としながら、狩りや漁も行って暮らすようになりました。

[弥生土器]

✏️ コレだけはおさえておこう！

① 大型動物を追いかけた人々は、捕獲用に［　　　　　］石器をつくった。

② 厚手で低温で焼かれている黒褐色の土器は［　　　　　］である。

③ 薄手で高温で焼いた赤褐色の土器は［　　　　　］である。

④ 銅鐸や銅剣、銅矛などの［　　　　　］は、主に祭りの道具として使われた。

05 卑弥呼の邪馬台国ってどんな国？

流れを大づかみ！

| ムラができ、争いを繰り返してクニになった！ | ➡ | 中国の歴史書に倭の国からの使節派遣が書かれる！ | ➡ | 邪馬台国の女王卑弥呼が国を治めて中国に使節派遣！ |

① ムラどうしはどうして戦ったの？

　水稲耕作（すいとうこうさく）が盛（さか）んになった弥生（やよい）時代になると、食糧（しょくりょう）事情が安定したため、人口増加が見られ、水田も拡大していきました。そのため、各地域で水田を中心に**ムラ（村）**が生まれました。するとムラでは、政（まつりごと）に巧（たく）みな者が指導者となりました。また、水田や用水路を開いたり管理したりするために、たくさんの人々を集める必要がありました。そこで、稲作（いなさく）をするムラは指導者を中心に次第（しだい）に大きくなっていきました。すると、拡大したムラとムラの間で土地や水などをめぐる争いが発生するようになったのです。そこでムラの指導者は、こうしたことを解決するため、交渉（こうしょう）をしたり戦いをしたりしました。

　ムラどうしの争いが起こると、有力なムラが小さなムラを従えるようになり、争いを繰（く）り返すうちにやがて政治的にまとまりを持った小さな**クニ（国）**が生まれました。

② 国々はどうやって生まれたの？

　小さな国々では、豪族（ごうぞく）と呼ばれる有力者や王などの指導者が現れ、国を支配するようになりました。豪族や王は、国を指導しながら、時に隣国（りんごく）と衝突（しょうとつ）することがありました。それは、国の土地や水などをめぐる争いが発端（ほったん）でした。各地で激しい争いがあったことは、集落の跡（あと）からのろし台が見つかっていることや、集落を堀（ほり）で囲んだ遺跡（いせき）から知ることができます。

[「漢委奴国王」（かんのわのなのこくおう）と刻まれた金印]

　中国の歴史書である『漢書（かんじょ）』には、紀元前1世紀ごろに**日本（倭）**（わ）に100余りの小さな国が存在し、一部の国が中国の王朝に使節を送った、と記されています。おなじく中国の歴史書『**後漢書**（ごかんじょ）』には、1世紀の半ばに現在の福岡平野にあった倭の**奴国**（なこく）の国王が、中国に使いを送り、中国の皇帝（こうてい）から金印を授（さず）かったことが書かれています。

邪馬台国はどこにあった!?

邪馬台国がどこにあったかという邪馬台国所在地論争は、江戸時代からありました。おもに畿内の大和説と九州説とに分かれるこの論争は、中国・魏から邪馬台国への道すじや邪馬台国の当時の様子を記す歴史書『魏志』倭人伝に記された内容を、どのように解釈するかで変わります。江戸時代の儒学者である新井白石は、当初大和説、のち九州説をとり、同じく江戸時代の国学者である本居宣長は九州説をとりました。いずれも有力な手がかりがなく、いまだに確定はしていません。

PART 1　原始・古代の日本と東アジア

③ 邪馬台国の卑弥呼はどうやって現れたの？

3〜4世紀ごろの中国では、後漢が滅んだ後約300年以上の分裂と動乱の時代に入り、魏・呉・蜀の3つの国が互いに争う三国時代に突入しました。

そのうちの魏について書かれた歴史書『魏志』倭人伝によると、3世紀ごろの日本では、小さな国どうしの長い戦いが続いていましたが、邪馬台国の女王卑弥呼が現れ、小国どうしの争いがおさまりました。卑弥呼は鬼道と呼ばれた呪術のような特殊な能力を使って人々を掌握していたのです。記録からは、邪馬台国には王から奴隷までの身分があったことや、卑弥呼が魏の王朝に使節を送り、魏の皇帝から「親魏倭王」の称号と金印、銅鏡などが授けられたことが記されています。

邪馬台国のあった場所については、おもに大和説（近畿、奈良県）と九州説（九州北部）とに分かれ、未だに決着がついていません。

[卑弥呼が魏から贈られたとされる三角縁神獣鏡]

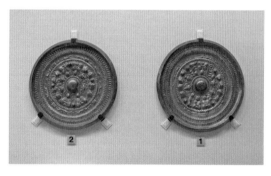

コレだけはおさえておこう！

① ムラどうしの戦いが繰り返された結果、政治的なまとまりを持った　　　　ができた。

② 中国の歴史書『　　　　』には、倭の奴国の国王が金印を授かったとある。

③ 邪馬台国の女王　　　　は、魏の皇帝より「親魏倭王」の称号を得た。

06 大和政権（ヤマト王権）の大王ってどんな存在？

流れを大づかみ！

大王を中心に大和政権（ヤマト王権）が誕生し、各地に古墳をつくる！ ➡ 大王や豪族によって前方後円墳がつくられた！ ➡ 朝鮮では3つの国が現れ、大陸から渡来人がやってきた！

① 大和政権（ヤマト王権）はどうやって誕生したの？

　3世紀の後半から4世紀になると、奈良県の奈良盆地を中心とする地域に、王を中心にして、近畿地方の有力な権力者（豪族）が集まって構成する強大な政治勢力が現れました。大和政権（ヤマト王権）の誕生です。ヤマト王権の支配者は、5世紀になると国内では大王、中国では倭王と呼ばれるようになり、東は東北地方南部まで、西は九州中部に至るまでの各地域の豪族を従えていたと考えられています。それは、4世紀から5世紀にかけて同じ形をした大きな古墳がつくられていったことからわかります。

　大和政権（ヤマト王権）の大王は、多くの材料や労働力を必要とする古墳をつくることによって、その力をアピールしていました。大和政権（ヤマト王権）の勢力は、次第に全国に支配を広げていったので、それに伴い全国の豪族も同じような古墳をつくるようになっていきました。そのため、弥生時代までとは違った、ある程度共通性のあるさまざまな古墳が、各地につくられたのです。

② 当時の人々の暮らしぶりは？

　大和政権（ヤマト王権）が誕生したころに各地につくられた古墳には、さまざまな特徴がありました。その見た目から四角いものを方墳、まるいものを円墳と呼び、その2つを合わせた形のものを前方後円墳と呼びました。こうして、古墳がつくられた3世紀後半から6世紀の時代のことを古墳時代と呼びます。

　このころ、豪族は先祖を共通にする氏という集団をつくり、代々決まった仕事で大和政権（ヤマト王権）に仕えていました。一方、一般の人々はたて穴住居に住んでおり、室内には朝鮮伝来のかまどがありました。農作業には鉄製農具が使われるようになり、道具の発達で農業の生産力が高まりました。人々は亡くなると、穴を掘っただけの簡単な墓に葬られました。

[前方後円墳]

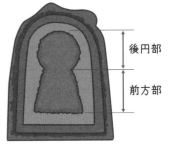

後円部

前方部

▼ いまココ！

3	4	5	6	7	8	9	10	11	12	13	14	15	16	17	18	19	20	21

古墳　飛鳥　奈良　平安　鎌倉　室町　戦国　江戸　明治　昭和　平成
南北朝　安土桃山　大正　令和

PART 1

原始・古代の日本と東アジア

ひとことポイント！ 墓の大きさが権力を表す!?

　古墳とは、大量の土を盛り上げてつくった大王や豪族の墓のことです。そのルーツは弥生時代に見られた墳丘墓という、墳丘を持つ墓にあります。古墳は、大和政権（ヤマト王権）の支配者である大王が当時持っていた権力を示すためにつくられたと考えられています。

　大阪府堺市にある大仙古墳（大山古墳、仁徳天皇綾古墳）は、日本で最も大きい古墳で、全長約486m、高さ約36m という規模のものです。これは仁徳天皇の墓とされていますが、詳細な学術調査は行われておらず、研究者や学者の解明が待たれるところです。

③ そのころの東アジアの様子は？

[5世紀ごろの東アジア]

高句麗
北朝
百済
新羅
倭
伽耶
（加羅、任那）
南朝

　4世紀から6世紀ごろの朝鮮半島では、北部に高句麗、南部には百済と新羅が小国の統一を進めて成立しました。百済と新羅にはさまれた地域にあった伽耶（加羅、任那）は、大和政権（ヤマト王権）とつながって両国に対抗していました。一方中国では、王朝が北部と南部に分かれて争っていました。朝鮮半島や中国大陸の記録を見ると、4世紀ごろから倭が朝鮮半島の国々と交渉を持ったことや、倭の王が中国の南朝に使いを送ったことなどが記されています。

　これは、朝鮮半島や中国大陸からしか手に入れることのできない鉄資源や大陸の技術を導入するために派遣したものです。こうして、大陸との交流は当時から盛んでしたので、中国や朝鮮半島の人々が日本に移り住むこともありました。そうした人々を渡来人と呼びます。渡来人たちは土木や建築など、さまざまな大陸の技術や文化を伝えました。

コレだけはおさえておこう！

① 大和政権（ヤマト王権）の支配者は、国内では [　　　　] と呼ばれた。

② [　　　　] は、2種類の形の古墳が組み合わさってできたものである。

③ 朝鮮半島では、北部に [　　　　]、南部に百済・新羅が成立した。

④ 日本に移り住み、大陸の技術や文化を日本に伝えた人々を [　　　　] と呼んだ。

答え　①大王　②前方後円墳　③高句麗　④渡来人

⑦ 聖徳太子はどんなことをしたの？

流れを大づかみ！

豪族蘇我氏が力をつけ、仏教受け入れを積極的に行う！ ➡ 聖徳太子によって冠位十二階・十七条の憲法が決まる！ ➡ 初の仏教文化である飛鳥文化が栄え、寺院ができる！

① 蘇我氏はどうして台頭できたの？

[皇室と蘇我氏の関係]

（ 赤字は天皇、数字は即位順、●は女性）

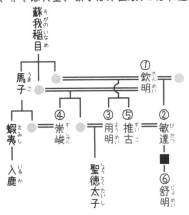

6世紀ごろ、大和政権（ヤマト王権）と九州北部の豪族との間で大規模な戦いが起こりました。1年以上続いた戦いは大和政権（ヤマト王権）が勝利し、その後支配を全国へと拡大させていきました。

そのころ、大和政権（ヤマト王権）の内部では豪族同士の激しい権力争いが起こっていました。豪族は、自分たちの支持する皇子を大王にしようとしていたからです。そのなかで財政や外交を担当して力をつけてきたのが豪族の**蘇我氏**でした。蘇我氏は、渡来人の知識や技術を利用しながら、子孫などを政権（王権）の重要な地位に就け、大王の親戚にもなって影響力を強めていきました。6世紀後半になると、蘇我氏は百済から伝えられた**仏教**の受け入れを積極的に行いました。そして、仏教の受け入れに反対していた豪族の物部氏を滅ぼし、大王家に並ぶ権力を手に入れたのです。

② 聖徳太子の政治はどうだった？

対立する豪族を滅ぼして政治権力を手に入れた蘇我氏は、対立する大王も滅ぼしました。そうしたなか、女帝である**推古天皇**が即位すると、甥の**聖徳太子**（廐戸皇子・廐戸王）が国の政治に参加するようになり、**蘇我馬子**と協力しながら、中国や朝鮮の政治を参考にしつつ、大王中心の国家のしくみを整えていきました。そのなかでも、家柄にとらわれず才能や功績のある人物を役人に採用する**冠位十二階**は、これまでにない人材登用の制度でした。また、**十七条の憲法（憲法十七条）**を定めて、役人の心構えを示しました。

そのころ、中国では統一王朝の隋が強大な帝国をつくりました。そこで、日本は朝鮮半島での立場を有利にすることと、大陸の進んだ制度や文化を取り入れるため、**小野妹子**ら

▼いまココ！

3	4	5	6	7	8	9	10	11	12	13	14	15	16	17	18	19	20	21

古墳／飛鳥／奈良／平安／鎌倉／室町／戦国／江戸／明治／昭和／平成
南北朝　安土桃山　大正　令和

PART
1

原始・古代の日本と東アジア

ひとことポイント！

聖徳太子ゆかりの寺院 世界遺産となった法隆寺

法隆寺は、奈良県飛鳥地方に聖徳太子（厩戸皇子）が創建した寺院で、現存する世界最古の木造建築物です。その法隆寺について、日本初の正史（国家が編集した正式の歴史書）である『日本書紀』には、「670年法隆寺炎上」の記事があり、法隆寺は再建されたとの説が明治時代以降唱えられましたが、証拠がないままでした。しかし、1939年に行われた境内の発掘調査で寺院跡が見つかったことから、法隆寺は再建されたものであることが確実となりました。

[世界最古の木造建築物　法隆寺]

を**遣隋使**として派遣しました。この時、日本は対等の立場で国交を結ぼうとしました。

③ 飛鳥文化にはどのような特徴があるの？

6世紀半ばごろに百済から仏教の経典がおくられ、日本に仏教が伝わりました。大王がいた奈良県飛鳥地方では、蘇我氏が聖徳太子（厩戸皇子）とともに仏教を広めようとしました。このため、この地で日本最初の仏教文化が芽生えました。これが**飛鳥文化**です。

飛鳥文化には、中国から日本に伝わった大陸の仏教美術や建築の影響が見られます。さらに、インドや西アジアの文化の影響も見られます。蘇我馬子による**飛鳥寺**や、聖徳太子による**法隆寺・四天王寺**などが建てられましたが、これらの寺院にはそうした影響を受けた仏像や建物が残されています。

[日本の弥勒菩薩像]

[朝鮮半島の弥勒菩薩像]

✎ コレだけはおさえておこう！

① 大和政権（ヤマト王権）の財政や外交を担当して力をつけた豪族は ⬜ である。

② 聖徳太子は、才能や功績のあるものを登用する ⬜ の制度を定めた。

③ 遣隋使として ⬜ らが派遣された。

④ 聖徳太子は、飛鳥に法隆寺を、大阪に ⬜ を建てた。

答え ①蘇我氏　②冠位十二階　③小野妹子　④四天王寺

⑱ 大化の改新って何が起こったの？

> 朝鮮半島情勢が緊迫する中、日本では蘇我氏の独裁政治！

➡

> 中大兄皇子・中臣鎌足らによって大化の改新が起こる！

➡

> 天智天皇から天武天皇の時代になり、律令体制へ！

① 東アジアが緊迫してきたのはなぜ？

7世紀になると、中国では隋が高句麗遠征に失敗して滅び、新たに唐が建国され、強大な力を持つようになって大帝国を築き上げました。唐の皇帝は、**律令**という法律を定めて国を統治するなど、支配のしくみを整えるとともに、人々に土地を分け与えて税や労働負担を課しました。

唐は、国の領域を広げようと朝鮮半島北部に進出するようになったため、高句

[7世紀半ばの東アジア]

麗と対立するようになりました。そのため、百済や新羅でも緊張が高まりました。こうしたなか、日本でも戦争に備えて国の力を強める必要が出てきました。

しかし、当時の日本では蘇我氏が独裁的な政治を行っていました。大王を中心とする政治を行っていた聖徳太子（厩戸皇子）が亡くなっていたからです。そのため、蘇我氏に対する不満が高まっていました。

② 大化の改新はなぜ起こった？

そんな蘇我氏に対し、645年に**中大兄皇子・中臣鎌足**らが蘇我氏を滅ぼし、新しい政治に向けての改革に着手しました。朝鮮諸国で政治権力を強化する動きが見られたため、日本でも天皇が直接政治を行うしくみをつくる方向に進むことになったわけです。

新たに都が難波宮に移され、唐から帰国した留学生たちの最新の知識を活かすため、彼らを新たな役職に任命するなど、新しい国の政治のしくみが整備されていきました。その方針では、天皇一族や豪族が持つ土地や人民を国家のものとする**公地公民制**を採用し、人々に土地を分け与えて新しい税を取るようにしました。また、中国にならい初めて元号

ひとことポイント！

「大王」が「天皇」に なったのはいつ？

「天皇」の呼び方はいつから使われるようになったのでしょうか。それまで「大王（おおきみ）」と呼ばれていましたが、「丁丑年（ひのとうしのとし）」（677年）と記された木簡（もっかん）（木の荷札）が、「天皇」と記された木簡とともに発見されたことから、少な

くとも天武天皇のころには天皇と呼ばれていたと考えられています。天武天皇時代には、「大王は神にしませば…」ではじまる和歌がつくられるようになりますが、これは、天皇を神格化（神のように扱（あつか）う）した歌であり、天皇を奉（たてまつ）ろうという流れがこの時代からはじまったと考えられます。

として「大化（たいか）」が使われたため、これら一連の政治改革のことを**大化の改新（かいしん）**と呼びます。

③ 律令政治とはどんな政治？

その後、日本に仏教などをもたらした百済が唐と新羅の連合軍によって滅ぼされたため、日本は百済の復興を助けようと大軍を送りましたが、大敗してしまいました（**白村江の戦い（はくすきのえ）**）。その後、中大兄皇子は唐が攻めてくることを警戒（けいかい）して、都を大津宮（おおつのみや）（滋賀県）に移し、**天智天皇（てんじてんのう）**として即位（そくい）しました。

天智天皇は初めて全国の戸籍（こせき）をつくるなど、改革を進めましたが、天皇が亡（な）くなると後継（あとつ）ぎをめぐって内乱が起こりました（**壬申の乱（じんしんのらん）**）。これに勝利した**大海人皇子（おおあまのおうじ）**は、即位して**天武天皇**となり、強大な権力を握（にぎ）って新しいしくみをつくっていきました。その後朝廷は、中国にならった**律令（りつりょう）**に基（もと）づく政治を目指し**大宝律令（たいほうりつりょう）**をつくりました。

律令政治では、畿内（きない）の有力豪族に高い位が与えられて**貴族**となり、位に応じた役職や特権を得ました。こうして律令国家が成立していったのです。

[律令国家の政治のしくみ]

```
                    天皇
        ┌───────────┼───────────┐
     五衛府      太政官（だいじょうかん）    神祇官（じんぎかん）
   （都の警備）     太政大臣（だいじょうだいじん）  （祭りの儀式（ぎしき））
                左大臣
                右大臣
                大納言（だいなごん）ほか
```

地方：
大宰府（だざいふ）（九州）
国 — 国司（こくし）
郡 — 郡司（ぐんじ）
里 — 里長（さとおさ）

宮内省（くないしょう）／大蔵省（おおくらしょう）／刑部省（ぎょうぶしょう）／兵部省（ひょうぶしょう）／民部省（みんぶしょう）／治部省（じぶしょう）／式部省（しきぶしょう）／中務省（なかつかさしょう）

コレだけはおさえておこう！

① 中国で隋が滅ぶと、新たに ［　　　　］ が建国され大帝国となった。

② 645年、蘇我氏を滅ぼしたのは中大兄皇子・［　　　　］ らであった。

③ 中大兄皇子は大津宮の都で即位し、［　　　　］ 天皇となった。

④ 日本では中国伝来の法律である ［　　　　］ を参考に国家体制をつくった。

09 律令体制ってどういうしくみ？

大宝律令がつくられ、平城京ができて律令体制が整う！ ➡ 戸籍がつくられ、班田収授法により税のしくみが整う！ ➡ 墾田永年私財法が出され、土地の私有が認められた！

① 奈良の都にはどんな特徴が？

[平城宮大極殿の復元模型]

701年、唐の法律を参考にして**大宝律令**がつくられました。その後、奈良盆地の北部に唐の都・長安（現在の西安）にならった**平城京**が律令国家の新しい都としてできました。それ以降、京都の平安京に都が移るまでの約80年間を**奈良時代**と呼んでいます。

平城京には、皇族や貴族から一般庶民に至るまでの住宅地が割り当てられ、当時10万人ほどの人々が暮らしており、そのうち約1万人が役所に勤めていました。都には市が開かれ、各地から送られてきた品物が取り引きされました。平城京の中心となった平城宮には天皇の住まいである内裏のほか、役所が置かれ、日本全体の政府としての機能がそろいました。この政府を**朝廷**と呼ぶこともあります。平城京は、整備された道路で各地と結ばれており、各地に置かれた役所では中央から派遣された役人が地方から選ばれた役人とともに地方を治めていました。こうして、天皇を頂点に、皇族・貴族や役人が全国を治める国家のしくみが整いました。

② 律令国家のもとでの人々の暮らしは？

朝廷は、律令にもとづいて**戸籍**というリストをつくり、全国の人々の年齢や性別を把握しました。当時は、未開地が多く農業生産力が低かったため、人々（公民）に土地（公地）を与えて土地を耕作させる必要がありました。そのため、**班田収授法**を定めました。

班田収授法では、戸籍にもとづき6歳以上の男女に家族ごとに口分田を与え、課税しました。税の項目には、稲の収穫高の約3％を納める**租**をはじめ、各地の特産物である**調**、布などの**庸**などの物で納めた税と、各地の土木工事などに従事する**雑徭**や、国の守りに就

PART
1

原始・古代の日本と東アジア

ひとことポイント！

国のものだった土地が個人のものとして認められる

荘園は、土地の私有が認められて成立したものです。当初、公地公民制にもとづき6歳以上の男子に2段（1段＝360歩）、女子に1段120歩の口分田が与えられ、死亡すると国に返す班田収授法が行われていました。しかし、重税により口分田を捨ててしまう人が出てきたため、税収が不足しました。そこで、はじめは期限つきの土地私有を認める法令を出し、その後永久に土地私有を認める墾田永年私財法が出されて開墾が飛躍的に進んでいきました。そうして生まれた私有地が荘園です。荘園は、豊臣秀吉の時代まで残ることになりました。

く兵役など労働を負担する税などがありました。いずれも成人男性の負担が非常に重かったため、戸籍や性別を偽る人や、与えられた口分田を捨てて逃亡する人も出てきました。その結果、口分田が荒れ、使えなくなる田も出てくるようになってしまったのです。

[**一般人の食事と貴族の食事**]

庶民の食事

貴族の食事

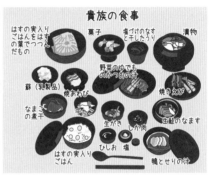

③ 土地の私有が認められたのはなぜ？

そのころ、鉄製農具が普及してきたことで稲の収穫が増えるようになりましたが、日照りや水害、疫病なども流行し、また人口増加も見られたことから口分田が足りなくなってきました。そこで、朝廷は農地を増やすため墾田永年私財法を出し、人々に土地の開墾をすすめました。この法令では、新しく開墾した土地は口分田と同じように租がかかるものの、いつまでも自分のものにしてよいと決められました。

このため、貴族や寺院は、国司や郡司などの地方役人の協力を得て開墾地を広げていきました。こうした私有地のことを荘園と呼びました。

✐ コレだけはおさえておこう！

① 中国・唐の律令を参考にして701年に　　　　　　がつくられた。

②　　　　　　法では、6歳以上の男女に口分田が分け与えられた。

③ 農地を増やすために　　　　　　法が出され、土地の永久私有が認められた。

④ 貴族や寺院が開墾した私有地は　　　　　　と呼ばれた。

⑩ 奈良時代の文化にはどんな特色があるの？

流れを大づかみ！

遣唐使が
もたらした文物により
天平文化が栄える！

➡

諸国に国分寺が
つくられ、
東大寺に大仏が
できる！

➡

『古事記』・
『日本書紀』・
『風土記』がつくられた！

① 遣唐使の派遣はどうやって行われたの？

かつて遣隋使を派遣した朝廷は、中国の進んだ制度や文化を取り入れるために、**遣唐使**の派遣も行いました。約250年間で十数回派遣された遣唐使に留学生や僧などが従い、奈良時代には4隻の船に最大500～600人が分乗して海を渡りました。

そのなかには、20年以上唐に滞在して学んだ留学生や僧らがいて、一部の者は唐の皇帝に仕えるなど活躍しました。このころの唐は最盛期を迎えており、シルクロードや海上の航路を通じて西アジアや南アジアと

[遣唐使の航路]

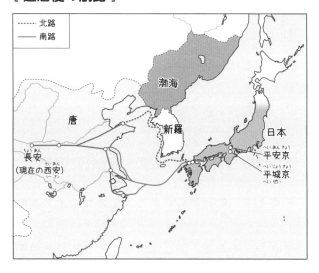

の交流がありました。そうした影響を受けた唐の文化が日本に入ってきたため、国際色豊かな文化が栄えました。

遣唐使の帰国にあたり書物や経典をはじめ、優れた美術工芸品が日本にもたらされました。また、同時期に朝鮮半島の**新羅**や、朝鮮北部から中国大陸にかけて建てられた**渤海**との間でも使節が行き来しました。このころの時代の文化は、聖武天皇の時代の元号から**天平文化**と呼ばれています。

② 奈良の都で栄えた文化は？

国際色豊かな天平文化では、聖武天皇の遺品を収めた東大寺の正倉院に伝わる楽器や道具などに、遠く西アジアやインドの影響が見られます。唐を経由して日本にもたらされたものの多くが、こうした影響を受けていました。

ひとことポイント！ 国のはじまりが記された歴史書

『古事記』と『日本書紀』は、いずれも奈良時代につくられました。『古事記』は、天武天皇の命令によって、稗田阿礼が覚えている神話時代から推古天皇までの歴史の内容を、太安万侶が筆録したものです。一方、『日本書紀』は日本の神々の時代から持統天皇までの歴史書で、舎人親王（天武天皇の皇子）が中心になって編纂されました。いずれも、天皇家の由来や国の成り立ちなどが記されていますが、なかには東アジアや太平洋地域、ヨーロッパの神話と似ている部分もあります。

平城京で栄えた天平文化は仏教と唐の影響を受けていました。奈良時代、全国的な伝染病が流行し、ききんが起こったため人々は苦しんでいました。そうしたなか、仏教は国家を守る力を持つと考えられました。聖武天皇と光明皇后は仏教の力に頼り、伝染病や災害などの不安から国家を守ろうと考えたことから、仏教がますます盛んになりました。聖武天皇は、国ごとに**国分寺・国分尼寺**をつくらせ、また奈良の**東大寺**に**大仏**をつくって政治や社会の不安を取り除こうとしました。

③ 文字が普及し歴史書の編纂がはじまったのはなぜ？

律令制度の導入によって、国家のしくみが整ってくると、貴族や僧侶の間で文字を使用することが普通になりました。そして、日本の国のおこりや、天皇が国を治めてきた歴史を記録しようという動きが起こり、神話や伝承、記録などをもとにした歴史書として『**古事記**』と『**日本書紀**』がつくられました。また、各地の国ごとの自然や伝説、産物などを記した『**風土記**』もつくられました。

その一方で、天皇や貴族など、都に住む人々の間では文字を使って和歌を詠むことが重視されました。大伴家持がまとめたといわれる『**万葉集**』では日本語の音を漢字で表す万葉仮名が使われ、天皇や貴族、農民や防人の和歌も収められました。

✏️ コレだけはおさえておこう！

① 聖武天皇の時代に栄えた文化は [　　　　] と呼ばれた。

② 政治や社会の不安を取り除こうと、奈良の [　　　　] に大仏がつくられた。

③ 各地の産物や伝説、自然を記した『[　　　　]』が編纂された。

④『[　　　　]』には、天皇や貴族、農民や防人の和歌が収録されている。

答え　①天平文化　②東大寺　③風土記　④万葉集

⑪ 平安京に都が移ったころは どんな様子だったの？

流れを大づかみ！

奈良の都から、新たな都として平安京がつくられ平安時代へ！ ➡ 唐帰りの最澄と空海によって、新たな仏教が伝えられる！ ➡ 菅原道真の提案で遣唐使が停止、その後唐が滅亡！

① 平安京はどんな都？

[東北地方への進出]

数字は設置年

秋田城 733
志波城 803
胆沢城 802
出羽柵 708
出羽
陸奥
磐舟柵 648
淳足柵 647
多賀城 724
越後
白河関

　奈良時代には、大化の改新で活躍した中臣鎌足の子孫である藤原氏が力をつけてきましたが、後半になると貴族や僧の間で権力争いが激しくなり、政治が混乱していました。そこで**桓武天皇**は、新しい都で政治を立て直そうと考え、寺院を奈良に残したまま都を長岡京（京都府）に移し、次いで794年には現在の京都市に移しました。この都が**平安京**です。これ以降、鎌倉幕府ができるまでの約400年間を**平安時代**と呼びます。

　桓武天皇は、律令にもとづく政治を立て直すため、各地に派遣している役人である国司の不正を取り締まる一方、税負担を軽くするなど、人々の生活にも気を配りました。ちょうどこのころ、朝廷は東北地方への支配を広げていきました。東北地方には蝦夷と呼ばれた人々がいて、朝廷の支配に抵抗していました。そのため、**坂上田村麻呂**を**征夷大将軍**に任命して大軍を送ってこれをおさえ、朝廷の支配をさらに北へ広げました。

② 最澄と空海はどんな活躍をしたの？

　9世紀の初め、遣唐使とともに唐に渡り、仏教の新しい教えを日本に伝えた人物に**最澄**と**空海**がいました。最澄は京都府と滋賀県の境にある比叡山に延暦寺を建てて**天台宗**を、空海は和歌山県にある高野山に金剛峯寺を建てて**真言宗**を開きました。

　奈良時代の仏教は、仏の力で国を守るという性格を持ち、都にいる権力者や政治との結びつきの強い仏教でしたが、天台宗も真言宗も、平城京の大寺院や僧侶が政治との関わりを求めたことを批判し、都から離れた山の中に寺院を建て、山奥での修行や学問を重視し

| 3 | 4 | 5 | 6 | 7 | 8 | 9 | 10 | 11 | 12 | 13 | 14 | 15 | 16 | 17 | 18 | 19 | 20 | 21 |

▼いまココ！

古墳　飛鳥　奈良　平安　鎌倉　室町　戦国　江戸　明治　昭和　平成

南北朝　　安土桃山　　　　大正　　令和

PART
1

原始・古代の日本と東アジア

大きな勢力の朝廷と勇敢に戦った男がいた

ひとこと
ポイント！

桓武天皇から征夷大将軍に任命された坂上田村麻呂と、勇敢に戦った蝦夷の族長に阿弖流為がいます。東北地方に住んでいた蝦夷は、狩りや農耕のほかに毛皮などの交易を行っていました。朝廷が東北地方へ勢力を拡大していくと、蝦夷は優秀なリーダーであった阿弖流為を中心にこれに激しく抵抗しました。しかし、田村麻呂が派遣されると降伏し、田村麻呂は阿弖流為の助命を嘆願しました。ところが朝廷はこれを聞き入れず、阿弖流為は今の大阪府の枚方市で処刑されてしまいました。

ました。これを密教といいます。密教は、世の中に広がる病気やわざわいを取り除くまじないや祈とうを取り入れたため、皇族や貴族の心をとらえ、広く受け入れられるようになり、平安時代の仏教の中心となりました。

[空海]

[最澄]

③ 遣唐使はなぜ停止になったの？

最澄と空海が仏教の新しい教えを学んだ唐は、国内での反乱が続いたため、9世紀になると急速に衰えるようになりました。日本からの遣唐使派遣も間隔が空くようになる一方、このころは新羅や唐の商人の船が交易のため日本に来るようになっていました。

9世紀末、遣唐使に菅原道真が任命されましたが、唐の衰えと航海の危険を理由に派遣の中止を訴えると、これが認められて、それ以降遣唐使は派遣されなくなりました。その後、唐は滅び、小国に分かれた後は宋が建国されて中国を統一しました。朝鮮半島では新羅に代わって高麗がおこりました。宋や高麗とは正式な国交を持ちませんでしたが、両国の商人と交易がありました。

[11世紀ごろの
東アジア]

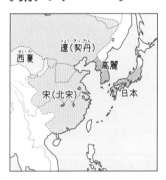

遼（契丹）
西夏
宋（北宋）
高麗
日本

✎ コレだけはおさえておこう！

① 桓武天皇は長岡京、次いで _____ に都を移した。

② 最澄は、比叡山に延暦寺を建てて、新たな仏教として _____ を開いた。

③ 唐の衰退などを理由に、遣唐使の停止を提案したのは _____ である。

④ 唐が滅んだ後にできた国で、中国統一を果たしたのは _____ であった。

答え　①平安京　②天台宗　③菅原道真　④宋

12 藤原氏の摂関政治ってどんな政治？

摂政と関白を置く摂関政治が行われ、藤原道長が現れる！ ▶ 地方政治を任された国司が変わりはじめ、力を持つように！ ▶ 国風文化では、かな文字が生まれ浄土信仰が盛んに！

① 摂関政治とはどのような政治？

　朝廷の政治は、天皇を中心に貴族によって行われていましたが、9世紀半ばごろから藤原氏がライバルの貴族を次々に退ける一方、娘を天皇家に嫁がせ、その子を天皇に立てて勢力を伸ばしていきました。

　藤原氏は、天皇が幼い時に**摂政**、成人後には**関白**という地位につき政治の実権を握りました。10世紀半ば以降には、摂政や関白が常に置かれるようになりました。このような政治を**摂関政治**と呼びます。

　藤原氏は、ほかの貴族を退けて朝廷の高い官職をほぼ独占していましたが、やがて藤原氏一族のなかで権力争いが起こるようになり、11世紀前半にこの争いに勝利した**藤原道長**は、娘を次々と天皇のきさきにして地位を固め、摂関政治はその子**頼通**の時代に最も安定しました。

[皇室と藤原氏の系図]

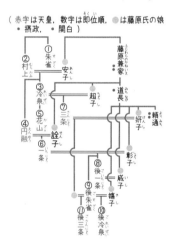

（ 赤字は天皇，数字は即位順，■は藤原氏の娘
・，●摂政，，●関白 ）

② このころの地方政治はどうだった？

　摂関政治のころ、地方の政治は中央から地方に派遣された**国司**にほとんど任せきりになっていました。そのため、国司のなかには任用期間である4年の間に財産を蓄える者が増えるようになりました。すると、収入の多い国の国司に任命してもらうために、中央の有力貴族に贈り物や寄付をする者や、自分は京にいて任命された国に代理人を送り込み収入だけ得る国司も現れました。こうして、律令にもとづいた地方政治は徐々に変わっていき、人々が国司の不正を訴える事件も起こりました。やがて、律令国家の基本となる戸籍もつくられなくなり、班田収授も行われなくなりました。一方、藤原氏は私有地である**荘園**を全国各地に増やしていきました。

▼ いまココ！

| 3 | 4 | 5 | 6 | 7 | 8 | 9 | 10 | 11 | 12 | 13 | 14 | 15 | 16 | 17 | 18 | 19 | 20 | 21 |

古墳　飛鳥　奈良　　平安　　　鎌倉　室町　戦国　　江戸　　明治　昭和　平成
南北朝　安土桃山　　　　　　大正　令和

PART
1

原始・古代の日本と東アジア

娘を4人嫁がせて強大な権力を握った藤原道長

ひとこと
ポイント！

　藤原道長は、4人の娘を次々に天皇のきさきとすることによって権力を握りました。当時の結婚は、一般的に男性が女性の家に通う形を取っていたので、自然に女性の家の存在が大きくなったのです。

　道長の栄華を伝える記録の一つに、貴族が残した日記があります。娘を天皇のきさきに立てた時の様子を道長が歌にしたものが「此の世をば我が世とぞ思ふ望月の欠けたる事も

なしと思へば」です。道長は、"この世の中は私のための世の中だと思える、満月のように満ち足りた思いがするから"と詠みました。

[藤原道長]

③ 当時栄えた国風文化とは？

　平安時代の貴族たちは、中国・唐風の文化を吸収した上で、日本の風土や生活、日本人の感情に合った、優美で洗練された文化を好むようになりました。こうした文化を**国風文化**といい、摂関政治のころに最も栄えました。

　9世紀には、漢字を簡単にしたカタカナ・ひらがなの**かな文字**がつくられ、読み書きが簡単にできるようになりました。かな文字は日本の言葉や

[平等院鳳凰堂]

日本人の気持ちを表すのに適していたため、紀貫之などがまとめた『**古今和歌集**』や紫式部の『**源氏物語**』などの文学作品が多数生まれたこともこの文化の特色です。

　服装はゆったりしたものになり、自然を庭園に採り入れた**寝殿造**の邸宅がつくられました。10世紀になると、飢饉や事件などが起こったことで人々の間に不安が高まってきたことから、念仏を唱えて極楽浄土へ生まれ変わることを願う**浄土信仰**が盛んになりました。そのため、**平等院鳳凰堂**などがつくられるようになったのです。

✐ コレだけはおさえておこう！

① 天皇の成人後の補佐をしたのが　　　　　　である。

② 藤原氏による摂関政治は、藤原道長と子の　　　　　　で全盛を迎えた。

③ 摂関政治のころ、地方政治は地方官の　　　　　　に任せきりであった。

④ 紀貫之などがまとめた『　　　　　　』は、国風文化を代表する和歌集である。

⑬ 貴族の時代にどうして武士が出てきたの？

流れを大づかみ！

平安中期から**武士**が生まれ、皇族や藤原氏の護衛役に！

➡ 武士は、持っている**荘園**を有力者に寄進して保護を受けた！

➡ 地方で武士が力を持ち、勢力争いを起こすようになった！

① 武士はどのようにして出てきたの？

[**武士団のしくみ**]

平安時代の中ごろから、各地で力を持つようになった者が自分の土地を守るために武装し、争うようになってきました。そうしたなかで、弓矢や騎馬などの武芸を身につけ、戦いを職業とする**武士**が育ってきました。都では、天皇の子孫で平や源の姓を持ち、軍事や武芸を専門とする者たちが現れ、皇族や藤原氏などに仕えて侍と呼ばれ、武士としての地位を高めていきました。

武士たちは多くの部下を組織するようになり、軍事力を強めていきました。そのなかには朝廷の支配に対する大規模な反乱を起こす者もいました。また、都の武士のなかには地方の豪族と婚姻関係をつくり、そのまま現地に住みつく場合もありました。そうして大きくなっていった武士集団は、やがて**源氏**や**平氏**を中心にまとまっていったのです。

② 武士団と荘園はどのようにつながったの？

地方の武士たちは、朝廷や地方で得た地位や自らの武力を利用して土地の開発を進め、多くの**荘園**を持ちました。荘園の持ち主は、国司の税の取り立てから逃れるために、都の皇族や藤原氏、有力寺社に表向きの所有者になってもらい、税免除の特権を得ました。このことを**寄進**と呼びます。寄進を通じて、有力者に荘園を守ってもらうことにしたのです。

[**荘園のしくみ**]

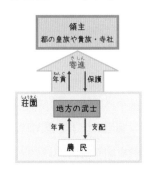

武士は年貢を農民から集めて納める代わりに、その土地を実際に支配する権利を保証してもらうことで力を伸ばしていきました。また、荘園以外の土地である公領も、犯罪の取り締まりや年貢の取り立てを任されるようになったことで、武士が土地への支配力を強めていったので

PART 1

原始・古代の日本と東アジア

ひとことポイント！ 東北地方で100年も権力を握った奥州藤原氏

奥州藤原氏は、平安後期に東北に現れた豪族です。平泉（岩手県）に本拠地を構え、初代の藤原清衡、2代基衡、3代秀衡の約100年にわたり東北地方で権力を誇りました。東北地方は、以前より金（砂金）や質のよい馬などを生んでいて、奥州藤原氏はそれらを取り引きすることで栄えました。平泉には、さらに北方や南方の各地から文物がもたらされ、中央を上回るほどの文化を生み出しました。中尊寺金色堂にある須弥壇（仏像を安置する壇）内には、今でも奥州藤原氏3代の遺体が安置されています。

[中尊寺金色堂]

す。

③ 各地で見られた武士の自立の動きは？

地方政治がほとんど国司に任せきりになり、朝廷が地方を治める力が弱まっていくうちに、10世紀半ばの関東では平将門が、瀬戸内では藤原純友が反乱を起こし、朝廷の貴族たちに衝撃を与えました。この反乱を、朝廷や国司の力だけではおさえることができなかったため、力を強めていた武士集団に命じて、ようやく鎮圧できました。

11世紀半ばには、東北地方で有力武士たちどうしの勢力争いが起こりました。前九年合戦と後三年合戦です。この時、都から派遣された源氏の武士が関東の武士を率いて鎮圧しました。そのため、源氏は東国（関東地方）に勢力を持つようになりました。

その後、東北地方は地元の武士から出た奥州藤原氏が力をつけて成長し、大きな力を蓄えて勢力を誇りました。彼らは、平泉を拠点に町を整え、京都の文化を取り入れながらさまざまな建物をつくりました。中尊寺金色堂がその代表例です。

✏ コレだけはおさえておこう！

① 弓矢や騎馬などの武芸を身につけ、戦いを職業とする [　　　] が成長した。

② 荘園の持ち主は、荘園を有力者に [　　　] することで守ってもらった。

③ 10世紀半ば、瀬戸内では [　　　] が反乱を起こしたが鎮圧された。

④ [　　　] は、平泉を拠点に栄えた東北の豪族である。

答え ①武士 ②寄進 ③藤原純友 ④奥州藤原氏

14 源平の争乱で源頼朝はどうやって勝ったの？

流れを大づかみ！

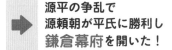

院政のなか、力をつけた平氏が権力を握るように！

➡

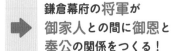

源平の争乱で源頼朝が平氏に勝利し鎌倉幕府を開いた！

➡

鎌倉幕府の将軍が御家人との間に御恩と奉公の関係をつくる！

① 院政と武士の関係は？

　平安時代の後期になると、藤原氏との関係が薄い**後三条天皇**が即位して摂関政治は終わり、天皇中心の政治が復活しました。次の**白河天皇**は、位を譲って上皇となっても摂政や関白をおさえて政治を行いました。上皇やその住まいのことを院と呼んだことから、この政治を**院政**と呼びました。制約の多い天皇に比べ、自由な立場の上皇は先例にとらわれない政治ができたのです。

　12世紀半ば、院政の実権をめぐり天皇家や藤原氏の争いが起こり（**保元の乱**）、武士たちの力で解決が図られました。その後上皇に仕える側近たちの権力争いが起き（**平治の乱**）、平氏が勝利を収め源氏は敗れました。この結果、**平清盛**は武士として初めて**太政大臣**に就き、娘を天皇のきさきにして権力を振るうようになり、上皇と対立するようになりました。

② 源平の争乱はどのような結果になったの？

[源平の争乱の地図]

1183年の勢力範囲
- 源 頼朝 ── 源 義経の進路
- 源 義仲 ----- 源 義仲の進路
- 平氏 ─・─ 源 範頼の進路
- 奥州藤原氏

　平氏の力が強大になり、後白河上皇や貴族たちと対立するようになると、戦いに敗れて伊豆に流されていた**源頼朝**や木曽にいた**源義仲**らが、平氏を倒そうと1180年に兵を挙げました。この時、各地にいた平氏に反対する武士もこれに続きました。鎌倉を拠点に指揮をとった頼朝は、集まった武士たちと主従関係を結び、武家政治の準備をはじめました。

　東国の武士の支持を集めた頼朝は、弟の義経に鎌倉軍を任せました。鎌倉軍は、西に逃れた平氏を追い、一ノ谷や屋島で平氏軍を打倒しました。そして1185年に**壇ノ浦の戦い**で平氏を滅ぼしました。その後、無断で朝廷から官位を受けて対立した義経を

ひとことポイント！

「イイクニつくろう 鎌倉幕府」は古い常識!?

　鎌倉時代のはじまりをいつとするのか、という問題にはさまざまな説があります。源頼朝が平氏滅亡後の1185年に、弟の義経を捕まえるため、朝廷に願い出て各地に守護・地頭を置くようになった時期である、という説や、1192年に頼朝が征夷大将軍に任命された時期である、という説などがそれです。このほかにも、頼朝が1183年に東国（東日本）の支配権を朝廷から認められた時期が実質的

な鎌倉時代のはじまりとみる説もあり、議論が分かれるところです。

[源頼朝と伝えられる肖像画]

捕まえるためという名目で、国ごとに**守護**を、荘園や公領に**地頭**という役人を置くことを認めさせ、義経をかくまった奥州藤原氏を滅ぼし、頼朝は武士の総大将として1192年に**征夷大将軍**に任じられました。こうして鎌倉に建てられた武士の政権が**鎌倉幕府**です。

③ 鎌倉幕府はどのようなしくみだったの？

　鎌倉幕府を開いた源頼朝は、家来になることを誓って集まった武士たちと主従関係を結んで**御家人**とし、武家政治のしくみを整えていきました。御家人たちには、先祖から引き継いでいる領地の支配を認め、手柄に応じて新しい職や領地を与える**御恩**を施しました。御家人たちは、京都や鎌倉の警備にあたり、戦いの時には参加するという**奉公**にいそしみました。こうして、鎌倉幕府の組織は、将軍と御家人との間にあった、御恩と奉公の関係をもとに成立していたのです。

[将軍と御家人の関係]

将軍　　御恩　　御家人
・領地を認める
・手柄によって職や領地を与える
奉公
・将軍のために戦う
・京都や鎌倉の警備

コレだけはおさえておこう！

① 藤原氏との関係が薄い 　　　　　 天皇が即位して摂関政治は終わった。

② 保元の乱・平治の乱を通じて、平清盛は武士初の 　　　　　 となった。

③ 平氏は1185年の 　　　　　 の戦いで滅んだ。

④ 鎌倉幕府の将軍と主従関係を結んだ武士を 　　　　　 と呼ぶ。

答え　①後三条　②太政大臣　③壇ノ浦　④御家人

PART 2

中世の日本と東アジア・世界の動き

鎌倉時代の政治と人々の暮らしはどうだったの？

流れを大づかみ！

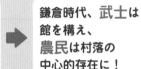

執権政治のなか、後鳥羽上皇が承久の乱を起こすも幕府勝利！ ➡ 鎌倉時代、武士は館を構え、農民は村落の中心的存在に！ ➡ 鎌倉時代、二毛作・定期市・高利貸しが現れる！

① 執権政治ってどんな政治？

　源頼朝が亡くなると、頼朝の妻北条政子の実家である**北条氏**が次第に幕府の実権を握るようになりました。北条氏はほかの有力御家人を次々に倒しつつ、執権という地位に就き政治を行いました。これを**執権政治**と呼びます。

　源氏の将軍が3代で途絶えると、京都で院政を行っていた**後鳥羽上皇**が朝廷の勢力回復を図り幕府を倒そうとして兵を挙げました。しかし、北条氏の派遣した大軍に敗れ、後鳥羽上皇は隠岐に流されました。これが**承久の乱**です。この結果、幕府は上皇に味方した公家や武士の領地を取り上げ、東国の御家人を新たに地頭に任命しました。また、京都に**六波羅探題**を設けて北条一族を置き、朝廷を監視するようにしました。これによって、幕府の支配は西国にも広がることになりました。

　1232年、執権の**北条泰時**は、御家人の権利や義務といった武士の慣習にもとづき、裁判の基準を決めた**御成敗式目**（貞永式目）を制定しました。これはその後の武家政治の基準となりました。

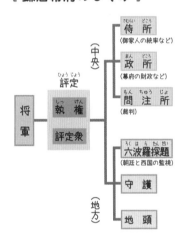

[**鎌倉幕府のしくみ**]

（中央）
- 侍所（御家人の統率など）
- 政所（幕府の財政など）
- 問注所（裁判）

評定
将軍 — 執権 — 評定衆

（地方）
- 六波羅探題（朝廷と西国の監視）
- 守護
- 地頭

② 鎌倉時代の武士と農民の様子は？

　鎌倉時代の武士は、荘園や公領などの農村に**堀や塀**で囲んだ**館**を設けて住んでいました。館の周辺にある自分の田や畑は、近くの農民などを使って耕させながら、自らは幕府の地頭や荘園の管理者として年貢の取り立てを請け負い、その一部を得ていました。そして普段から**弓矢や騎馬**の訓練

[**武士の館**]

ひとことポイント!

農民たちに訴えられた横暴な地頭

　紀伊国（和歌山県）に阿氐河荘という荘園がありました。この荘園にやってきた地頭は、武力を使って農民に重い負担を強いたため、農民たちから訴えられました。あまりにも乱暴だったため、農民らは領主にカタカナで訴え状を書いたのです。この地頭は、「言うことを聞かなければ女たちを追い込め、耳を切り鼻を削いで髪を切って女は尼にするぞ」と言っておどしました。このほかに重労働をさせたり、農民の家を侵害したりしていました。その結果、この地頭は排除されることになったのです。

を欠かさず行っていました。

　一方鎌倉時代の農民は、荘園内に屋敷を持った有力農民と、有力農民の土地を請け負って耕作する農民がいました。有力農民は荘園領主や国司に年貢を納める村の中心的な存在でした。地頭が置かれて厳しい支配を受けた村では、農民らが荘園領主に地頭を訴える動きも見られました。

③ 鎌倉時代の民衆の動きは？

　鎌倉時代の中ごろから、牛や馬を使って耕作したり、米の裏作に麦をつくる**二毛作**がはじまったりするなど農業の技術が進歩し、生産力が上がりました。

　農業生産が高まると、商業も盛んになり、大きな神社や寺院の門の前や交通の重要地で**定期市**が開かれるようになりました。そこで、農民たちは市で農作物を売り、日常生活用品を買うようになりました。また、農具をつくる鍛冶屋や染色業者の紺屋などの手工業者が村に住むようになるとともに、商業が発達してきたことで、**貨幣**が広く使われるようになりました。

　当時、日本では貨幣をつくらなくなっていたので、主に宋など中国から輸入した銅銭などの貨幣をそのまま使用していました。貨幣が流通するようになると、人口の多い京都や鎌倉にお金を貸す**高利貸し**業者も現れるようなりました。

✎ コレだけはおさえておこう！

① 執権政治を展開したのは　　　　　　氏である。

② 承久の乱後、朝廷監視機関として京都に　　　　　　が置かれた。

③ 鎌倉時代、米の裏作に麦をつくる　　　　　　がはじまった。

④ 　　　　　　は、大寺院や有力寺社の門前や交通重要地で開かれていた。

答え　①北条　②六波羅探題　③二毛作　④定期市

16 鎌倉時代に新しく生まれた仏教って？

流れを大づかみ！

人々の不安に応えるために
浄土宗・浄土真宗・
禅宗・日蓮宗など
新しい仏教が開かれる！

➡

『平家物語』・
『新古今和歌集』
や随筆集が著される！

➡

東大寺大仏殿が
再建され、
彫刻で力強い作品が
生まれる！

① 鎌倉仏教にはどんな特徴があった？

平安時代末期以降、戦乱が相次ぎ、ききんや災害も発生するなど、世の中の不安が高まっていたことから、人々は仏教に新たな救いを求めるようになりました。その願いに応える僧が現れ、信仰しやすくわかりやすい教えが生まれたのです。

[法然の教えを学んだ一遍が広めた
踊り念仏『一遍上人絵伝』]

源平の争乱のころに現れた**法然**は、平安時代からの浄土信仰を受け継ぎ、念仏（南無阿弥陀仏）を唱えれば誰でも極楽に行けるという**浄土宗**を開きました。その弟子**親鸞**は、自分の罪を自覚した悪人こそ救いの対象であると説き、**浄土真宗**を開きました。また、**栄西**や**道元**は、当時中国で盛んだった、座禅で悟りを得ようとする**禅宗**を日本に伝えました。そして、法華経を重視した**日蓮**は題目（南無妙法蓮華経）を唱えれば人も国も救われると説く**日蓮宗（法華宗）**を開きました。こうした宗派は武士だけでなく、農民や公家の間にも広く浸透していきました。特に禅宗は、厳しい修行が武士の気風に合い、鎌倉幕府の保護を受けて広まりました。

その一方で、奈良時代以来の仏教や天台宗・真言宗などの従来の仏教も根強く信仰されていました。

② 鎌倉時代の文化や文学の特徴は？

鎌倉時代の文化では、公家を中心とした伝統的な文化を受け継ぎながらも、武士や民衆にもわかりやすいものが生み出されました。

文学では、戦の様子を描いた軍記物語がつくられ、なかでも**『平家物語』**は琵琶法師による弾き語りで武士や民衆にも広められました。京都の伝統文化に支えられた和歌では、藤原定家らにより**『新古今和歌集』**

[琵琶法師]

平家一族の運命を描いた『平家物語』

『平家物語』は、鎌倉時代前期の軍記物語です。作者ははっきりとわかってはいませんが、信濃前司行長がつくったとされる説が有力です。平安時代末期の貴族の社会から、鎌倉時代の武士の世の中へ移り変わっていくさま

を、平家が栄え滅んでいく側面から描いています。

　初めは3巻だったのですが、語り広められていくうちに増えていきました。盲目の琵琶法師が、琵琶を伴奏に語る芸能である平曲は、鎌倉時代初期からはじまり室町時代中期に最盛期を迎えました。

が編まれただけではなく、武士である 源 実朝や西行などが和歌集をつくりました。また、鴨長明の『方丈記』や兼好法師（吉田兼好）の『徒然草』などの随筆集には移りゆく世の中が記されました。このほか、仏教を題材とした仏教説話集もつくられました。

③ 鎌倉時代の新しい建築物や美術って？

　鎌倉時代には、建築や美術の分野においても、武士らしい力強い作品が生まれました。特に、美術の世界では人間の姿をありのままに表そうとする風潮が広まりました。

　源平の争乱で焼かれてしまった**東大寺大仏殿**が再建され、中国・宋の建築様式が採用されました。**運慶**らによってつくられた**東大寺南大門**の**金剛力士像**は力強く写実的な彫刻作品です。

　また、武士の戦いの様子や新仏教の開祖になった僧侶の伝記や、神社や寺院の由来を題材にした絵巻物が盛んにつくられたのも、このころです。

[金剛力士像・阿形]

✎ コレだけはおさえておこう！

① 親鸞は、悪人こそ救いの対象であるとして　　　　　宗を開いた。

②　　　　　は、題目（南無妙法蓮華経）を唱えれば救われると説いた。

③ 鎌倉時代、和歌集では藤原定家らにより『　　　　　』が編まれた。

④ 運慶らによって東大寺南大門の　　　　　像がつくられた。

答え　①浄土真　②日蓮　③新古今和歌集　④金剛力士

⑰ モンゴル帝国はなぜ日本に襲来したの？

流れを大づかみ！

| モンゴル帝国が成立、やがて元と改めて中国全土を支配！ | ➡ | 文永の役、弘安の役でモンゴル人が襲来し、幕府が対応！ | ➡ | 後醍醐天皇、足利尊氏らによって鎌倉幕府が滅亡！ |

① モンゴル帝国はどのように拡大したの？

　13世紀の初め、内陸のモンゴル高原に**チンギス＝ハン**が現れ、**モンゴル帝国**を築きました。モンゴル帝国は、アジアからヨーロッパ東部にいたる広大な地域を支配して、ユーラシア大陸をまたぐ大帝国をつくりました。その後、チンギスの孫**フビライ＝ハン**の時代には、中国を攻めて宋を滅ぼし、中国全土を支配しました。現在の北京の地に都として大都を置き、中国王朝の制度も導入して、国の名前を元と改めました。

　陸や海の交通路が整備されたことで、東西の交流や貿易が盛んになり、火薬や羅針盤などが中国から西方へ、イスラム世界で発達した医学や天文学が中国へ伝わりました。

② 二度にわたる元の襲来は？

　13世紀後半、フビライはさらに朝鮮半島の**高麗**も攻め、これを従属させました。

　フビライは、その勢いで日本も従えようとして国書を高麗の使者に持たせて派遣してきましたが、鎌倉幕府の執権**北条時宗**はこれを無視しました。そのため元軍は高麗軍を従え日本に襲来してきたのです。

[元軍と戦う様子]

　1274年、元軍と高麗軍は対馬および壱岐を襲ったのち、博多湾に上陸してきました。元軍は集団戦法や火器などを使って攻めてきたため、幕府軍は苦しめられましたが撤退させました。これを**文永の役**と呼びます。その後幕府は、次の襲来に備えて、博多湾に防塁（石塁）を築きました。1281年、元軍は高麗軍に加え滅ぼした宋の軍も率いて再び襲来してきました。鎌倉幕府は、御家人ではない武士も動員してこれを防ぎ、元軍の上陸を阻止することができました。寄せ集めの軍隊だった元軍は統率が取れておらず、また暴風雨が吹き荒れて壊滅的な打撃を受けたため、またしても引き揚げました。これを**弘安の役**と呼

▼いまココ！

| 3 | 4 | 5 | 6 | 7 | 8 | 9 | 10 | 11 | 12 | 13 | 14 | 15 | 16 | 17 | 18 | 19 | 20 | 21 |
古墳　　飛鳥　奈良　　平安　　鎌倉　　室町　戦国　　江戸　　明治　昭和　平成
　　　　　　　　　　　　　　　　　南北朝　　安土桃山　　　　　　大正　　令和

中国全土を支配した元の初代皇帝フビライ＝ハン

奈良の東大寺に残る古文書のなかに、元の皇帝フビライ＝ハンが日本にあてた国書の内容を写したものがあります。国書のなかで、フビライは「私の先祖が世の中を支配したので、遠方の国もわが国をおそれて貢ぎ物を持って朝貢しに来ている」「日本は高麗に近く、開国以来中国とも通交してきた」「私が皇帝になってからは使者を送ってこない」と記し、「そこで私の意思を伝える、今後は通

交し合おう」「武力を用いたくはないのでよく考えてほしい」と伝えてきていたのでした。

[フビライ＝ハン]

び、この2つの元による襲来を**元寇**とも呼びます。

③ 鎌倉幕府はどのように衰えたの？

[**永仁の徳政令**]

一部要約

> 領地の質入れや売買は、御家人の生活が苦しくなるもとなので、今後は禁止する。
> …御家人以外の武士や庶民が御家人から買った土地については、売買後の年数に関わりなく、返さなければならない。

鎌倉時代の中期ごろから、相続の時に土地を分ける分割相続のために御家人の土地は小さくなっていき、生活が苦しくなっていました。その上、元寇で戦争の費用を負担したのに十分な恩賞が与えられなかったため、ますます苦しくなっていました。さらに、商業が発達したことで支出が増えた御家人のなかには、土地を質に入れたり売ったりする者も出てきました。そこで幕府は**徳政令**を出し、土地を元の持ち主に取り戻させました。しかし、御家人の生活苦は改善されず、社会に混乱を招き、かえって御家人の一部は幕府の権力を一族で独占していた北条氏に不満を抱きました。

こうしたなか、政治の実権を朝廷に取り戻そうとしていた**後醍醐天皇**が、一部の公家とともに幕府を倒そうとしましたが失敗しました。しかし、後醍醐天皇は幕府の有力御家人だった**足利尊氏**などを味方につけ、とうとう1333年に幕府を滅ぼしました。

✎ コレだけはおさえておこう！

① モンゴル帝国は、 [　　　　] によって建国された。

② 元軍による二度目の日本への襲来を [　　　　] の役と呼んだ。

③ 鎌倉幕府は、御家人を救うために [　　　　] 令を出した。

④ [　　　　] 天皇や足利尊氏らの力で、鎌倉幕府は滅ぼされた。

答え ①チンギス＝ハン　②弘安　③徳政　④後醍醐

18 足利尊氏はどうやって幕府を開いたの？

流れを大づかみ！

建武の新政ののち、朝廷が分裂して南北朝時代に突入！ ➡ 足利氏によって室町幕府が成立し、守護から守護大名になる者もいた！ ➡ 足利義満の時代、守護大名が各国で力をつけるようになる！

① 建武の新政と南北朝の動乱とは？

鎌倉幕府を倒した**後醍醐天皇**は、天皇中心の新しい政治をはじめました。これが**建武の新政**です。天皇は摂政・関白を置かず、武士の政治を否定し公家を重んじる政治を行いました。そのため、武士の間に不満が高まり、天皇に近い公家からも批判が出るようになりました。不満を持った武士たちが**足利尊氏**を立てて武士の政権をつくろうとしたため、新政は2年半で崩れました。

尊氏は、新しい天皇を立てました。これを**北朝**といいます。そして、征夷大将軍に任命してもらい、京都に幕府を開きました。一方、後醍醐天皇は吉野（奈良県）に逃れ自分が正しい天皇であると主張しました。これが**南朝**です。こうして、全国が2つの勢力に分かれ争う時代が60年近く続いたのです。この時代を**南北朝時代**と呼びます。

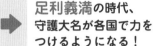

[足利尊氏木像]

② 室町幕府はどのように成立したの？

この内乱の間に、幕府から任命された守護が多くの権限を認められて一国全体を支配するようになり、**守護大名**と呼ばれるようになりました。

足利尊氏の孫の**義満**が第3代将軍になると、京都の室町に邸宅を建てそこで政治を行うようになりました。そのため、足利氏の幕府を**室町幕府**と呼ぶようになり、この幕府が続いた時代を**室町時代**と呼びます。

このころになると、南朝の勢いはほとんどなくなっていましたが、幕府に反対する人々が南朝に味方するのを恐れ、義満は1392年に南北朝を合体させ、内乱を終わらせました。

[室町幕府のしくみ]

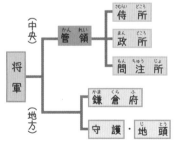

```
                      ┌─ 侍所
         ┌─ 管領 ─────┼─ 政所
  (中央)  │           └─ 問注所
将軍 ─────┤
  (地方)  │           ┌─ 鎌倉府
         └───────────┴─ 守護・地頭
```

3	4	5	6	7	8	9	10	11	12	13	14	15	16	17	18	19	20	21

▼いまココ！

古墳　飛鳥　奈良　　平安　　鎌倉　室町　戦国　　江戸　　明治　昭和　平成
南北朝　安土桃山　　　　大正　令和

ひとことポイント！ 天皇である証は「三種の神器」だった！

天皇家には、皇位のしるしとして歴代天皇が受け継いできた3つの宝物が伝わっています。八咫鏡、天叢雲剣、八尺瓊勾玉です。これを三種の神器と呼び、これを所持すること

が天皇である証とされました。後醍醐天皇は、足利尊氏側に京都を攻められ、これを渡すように求められると、にせの神器を差し出し、本物の神器を持って吉野に逃げました。「神器の本物は自分のところにあるので自分が真の天皇だ」と主張したのです。

義満は、朝廷が持っていた政治や経済に関する権限を室町幕府に吸収し、有力な守護大名を将軍の補佐役である管領に就けて室町幕府のしくみを整えていきました。守護大名は京都に屋敷を構えたので、国には有力家臣から守護代という代理人を選んでこれを送り、国を治めさせました。

③ 守護大名はどのように台頭したの？

南北朝時代に幕府から任命された守護は、次第に国司の仕事を吸収するようになりました。さらに、国内にいる武士を家来にして独自の支配を行うようにもなりました。また、農民に税をかけたり、荘園の年貢の半分を取り立てたりして、少しずつ権限を拡大し、守護大名と呼ばれました。鎌倉時代の守護にはそうした権限がありませんでしたが、室町時代の守護は力を少しずつ蓄えていったのです。

そこで足利義満は、力を持ち過ぎた守護大名をおさえながら、室町幕府の政治を安定させていきました。そのため、義満の時代は室町時代を通じて最も幕府権力の強い時代となり

[足利義満]

ました。しかし、義満が亡くなると、幕府の力が地方に及ばなくなり、関東を支配していた鎌倉府の足利氏と対立が表に出てくるなど、不安定な時代になっていきました。

コレだけはおさえておこう！

① 後醍醐天皇が行った政治は ［　　　　　］ と呼ばれた。

② ［　　　　　］ は、征夷大将軍に任命され京都に新しい幕府を開いた。

③ 室町幕府の将軍の補佐役である ［　　　　　］ は有力な守護大名から選ばれた。

④ 室町幕府は、［　　　　　］ が将軍の時代に最も幕府権力が強くなった。

答え　①建武の新政　②足利尊氏　③管領　④足利義満

⑲ 中国や朝鮮とどのような 交流があったの？

流れを大づかみ！

中国で元が滅んで明が建国され、**日明貿易**がはじまる！	➡ 朝鮮半島でも高麗が滅び朝鮮が建国され、**日朝貿易**がはじまる！	➡ 沖縄に**琉球王国**ができ、北海道で**アイヌ民族**と日本人が衝突！

① 日明貿易はどのようにはじまったの？

[貿易の許可証とされた勘合]

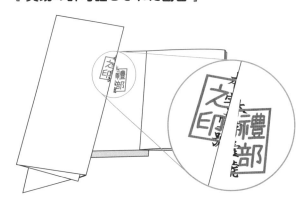

　室町幕府のもとで国内が安定しはじめた14世紀後半になると、東アジアでは大きな変化が見られました。中国では**明**という王朝が建てられ、元王朝を北の方に追いやり、そののち中国を統一しました。明は、周辺諸国に朝貢してくるよう呼びかけるとともに、朝貢してくる国との貿易を認めました。

　そのころ、朝鮮半島や中国の沿海地域に**倭寇**と呼ばれる日本人の海賊集団が現れ、物や人を奪うなどしていました。その被害に苦しんだ明は、日本にその取り締まりを求めてきました。そこで、**足利義満**は中国と貿易をはじめるチャンスと考え、明に朝貢して**日明貿易**をはじめました。この貿易では、やがて勘合という貿易の許可証を用いたことから、これを**勘合貿易**とも呼びました。日本からは銅や硫黄、日本刀が輸出され、明からは銅銭や生糸などが輸入されました。

② 朝鮮とはどのような関係があったの？

　そのころの朝鮮半島では、倭寇の侵入を食い止めていた**李成桂**が、14世紀末に高麗を倒し**朝鮮**を建国しました。朝鮮ではハングルという独自の文字がつくられ、身分秩序を重視する朱子学が重んじられました。そして、朝鮮からも倭寇の禁止と通交を求められたので、足利義満はこれに応じて貿易がはじまりました。朝鮮からは綿織物や仏教の経典が輸入されました。特に、日本ではまだ綿が本格的に栽培されていなかったため、大量の木綿が輸入され、肌触りのよい綿の輸入で日本人の衣料生活が大きく変わりました。やがて綿の栽培法も日本に伝わりました。

日本の北と南で発展したこと

琉球では、琉球産の硫黄（火薬の原料）や日本の屏風・刀、そのほかに東南アジア産の象牙や香辛料などが中国・明に運ばれ、明からは生糸や絹織物、陶磁器などを手に入れてほかの国に売っていました。こうした貿易が中継貿易です。

北海道では、樺太から根室半島・千島列島に及ぶ広い地域で木のへらでこすった跡の残る擦文土器という土器がつくられる擦文文化が生まれていました。これがやがてアイヌ独自のアイヌ文化へと発展していきました。

PART
2

中世の日本と東アジア・世界の動き

③ 琉球やアイヌの人々との関係は？

[首里城正殿]

※昭和後期から平成にかけて復元された。2019年10月の火災により、再度復興中（2021年5月現在）

沖縄では、沖縄本島を中心に按司と呼ばれた沖縄独自の有力者たちが城と呼ばれる拠点をつくり、互いに争っていました。14世紀になると、その勢力は山北（北山）・中山・山南（南山）の3つにまとまるようになり、それぞれが明に貢ぎ物を持って朝貢し、関係を結ぼうとしていました。

15世紀初めに中山王となった尚巴志は3つを統一し、琉球王国を建てました。都を首里に定め、明や日本、朝鮮のほかに東南アジア地域にも船を送り、中継貿易で栄えました。

一方、当時蝦夷地と呼ばれた北海道では、古くからの先住民族が住んでいて、土器をつくり、漁や狩りをしながらオホーツク海沿岸地域とも交易して生活していました。そして、14世紀ごろになるとアイヌ民族としてのまとまりができるようになりました。15世紀には蝦夷地南部に日本の本州の人々が移り住み、館と呼ばれる居住地をつくってアイヌ民族を圧迫したため、アイヌ民族のリーダーであったコシャマインと戦いになるなど、争いが繰り返されました。

✎ コレだけはおさえておこう！

① 中国では、□□□□□が建国され、それまでの王朝だった元を倒した。

② 朝鮮半島や中国沿岸を襲う日本人中心の集団を□□□□□と呼んだ。

③ 朝鮮半島では、高麗を倒した□□□□□によって朝鮮が建国された。

④ 尚巴志は、三山を統一し□□□□□を建国した。

⑳ 民衆の一揆と応仁の乱はなぜ起こったの？

流れを大づかみ！

> 自立した村として惣（惣村）ができて、一揆が起こるようになる！

➡

> 足利将軍家の後継ぎをめぐり、有力守護大名が争う応仁の乱が起こる！

➡

> 各地に戦国大名が現れ、分国法をつくり領国を統制！

① 惣村って何？一揆はなぜ起こったの？

　室町時代になると、農業技術が発達し農民の生活が向上してきました。すると、有力農民を中心に地域ごとにまとまるようになり、神社などに集まり、寄合という会議を開いて村のおきてをつくるなど、新しいしくみをつくるようになって自立しはじめました。そうした村のことを惣（惣村）と呼びました。

　惣（惣村）では、村を守るためにまわりに堀をつくったり、年貢の取り立てを村で請け負ったりして村の利益を守ろうとしました。そして、時には年貢を減らすように領主に求め、人々が集まってまとまった行動をとりました。これを一揆と呼びます。一揆を起こす時には、人々は神社や寺院に集まって団結を誓いました。

　1428年、近江国で馬を使った運送業者の馬借たちが借金を帳消しにしてもらおうと一揆を起こしました。この時、酒屋や土倉と呼ばれた高利貸しを襲ったり、質入れしたものを奪ったりしました。農民たちによる一揆は土一揆と呼ばれ、幕府もこれを恐れたのです。

② 応仁の乱はどうして起こったの？

［応仁の乱の開戦当初の］対立関係図

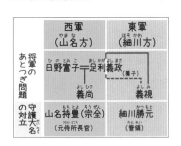

	西軍 （山名方）	東軍 （細川方）
将軍のあとつぎ問題	日野富子━足利義政（養子） ｜ 義尚	義視
守護大名の対立	山名持豊（宗全） （元侍所長官）	細川勝元 （管領）

　足利義満が亡くなると、将軍の力は次第に弱まり、権力は有力な守護大名の手に移っていきました。幕府内では管領の細川氏と有力守護大名の山名氏が政治の実権をめぐり対立していました。そうしたなか、8代将軍義政の後継ぎをめぐる対立から戦いが起こり、京都を主戦場にして11年間争いました。これを応仁の乱といい、この戦いで京都は焼け野原となりました。普段は農民で戦の時にだけ戦闘に参加する足軽と呼ばれる歩兵の集団が現れ、以後の戦闘でも影響を与える存在になりました。

　この戦乱は地方にも広がったため、幕府の政治に参加していた多くの守護大名は、自分の領地を守ろうと領国に戻りました。ところが、一揆や地方武士の反乱が待っており、次

ひとことポイント！

惣（惣村）では独自のルールがつくられた！

室町時代の自立した村である惣（惣村）は、農業技術が発達したことで農業生産が進んでいた近畿地方や、その周辺に現れました。有力農民から村の指導者を選び、村人全員で力を合わせて村を守るといった、独自の村運営が行われました。村で開かれた寄合という集まりでは、共同で使う山や野原の利用、用水路の配分などについて、村のルールを決め、もし違反者が出た場合は厳しく罰することもありました。こうして村の自治を行っていったのです。

第に実力を持つ者が守護大名に取って代わろうとする下剋上の風潮が全国に広がりました。

③ 戦国大名はどうして出てきたの？

各地で下剋上が起こるなか、守護大名に代わって実力で政治の実権を奪い取り、地域の地侍や農民を直接支配したのが戦国大名です。

戦国大名は、甲斐国の武田氏のように守護大名出身者もいましたが、多くは守護代もしくは小規模領主だった者が戦国大名になる場合がほとんどでした。彼らは、周辺の大名や一揆との戦いに勝つためのしくみを整える一方、自分の領国を豊かにするために、土木工事を行って農業を盛んにしたり、鉱山を掘ったり交通路を整備したりしました。城をつくって拠点にして、家臣や商工業者

[おもな戦国大名の勢力争い]

（1560年ごろ）

大名　守護大名から戦国大名になった者

そのほかは、家来から主君の地位にかわった者

も呼んで城下町をつくり、独自のルールである分国法をつくり、統制を厳しくしたのです。

コレだけはおさえておこう！

① 室町時代に見られた、自立した村のことを [　　　　] と呼んだ。

② 農民たちが起こした一揆は [　　　　] とも呼ばれ、室町幕府も恐れた。

③ [　　　　] が起こると、11年の間に京都は焼け野原になった。

④ 地域の地侍や農民を直接支配した者を [　　　　] 大名と呼んだ。

答え　①惣（惣村）　②土一揆　③応仁の乱　④戦国

PART 2 ▶ 中世の日本と東アジア・世界の動き

21 室町文化には どんな特色があるの？

流れを大づかみ！

足利将軍家を中心に、**北山文化**と**東山文化**が生まれる！ ▶ 庶民の間で**盆踊り**がはやり、**能**や**狂言**が人気になる！ ▶ **書院造**の建物がつくられ、**連歌**が流行するように！

① 北山文化と東山文化ってどういう特徴があるの？

[金閣]

室町（むろまち）時代は、幕府（ばくふ）が京都にあったことから、公家（貴族）と武家の交流が見られました。そのため、それぞれの文化がミックスされたものになり、さらに幕府が禅宗（ぜんしゅう）を保護したことから、禅宗の精神も取り入れた文化が盛（さか）んになりました。

14世紀の終わりごろ、京都北山で政治を行っていた3代将軍足利義満（あしかがよしみつ）は、山荘内（さんそう）に**金閣**（きんかく）を建てました。これは、公家の文化と禅宗の要素をどちらも取り入れたもので、義満時代の文化は**北山文化**と呼ばれます。

15世紀後半になると、8代将軍足利義政が、金閣にならって京都東山に**銀閣**（ぎんかく）を建てました。その敷地（しきち）内には、墨（すみ）一色で描かれた**水墨画**（すいぼくが）や陶磁器（とうじき）などを飾る床の間（かざ とこ ま）を持つ**書院造**（しょいんづくり）の建物がつくられました。畳（たたみ）を敷（し）き詰（つ）め、ふすまで部屋が独立したこのつくりは、現在の和風住宅のもとになっています。義政時代の文化は**東山文化**と呼ばれます。

② 庶民にはどんな文化が広がったの？

室町時代には、村や町で自立した動きが進んだことで、民衆はさまざまな文化を持つようになりました。京都では応仁（おうにん）の乱（らん）で途絶（とだ）えていた祇園祭（ぎおんまつり）が復活し、農村では惣（そう）（惣村（そうそん））の中心である村の神社の祭りが盛んになり、念仏踊（ねんぶつおど）りから**盆踊り**（ぼん）も生まれました。

平安（へいあん）時代より行われてきた芸能に、田植えの時の歌や踊りから生まれた田楽（でんがく）や、物まね芸である**猿楽**（さるがく）がありましたが、これらを合わせた芸能として、足利義満の保護を受けた観阿弥（かんあみ）と世阿弥（ぜあみ）の親子によって**能**（のう）（**能楽**）が完成しました。そして能の合間には人々の失敗談を笑い飛ばす喜劇である**狂言**（きょうげん）が演じられました。このほか、『浦島太郎』（うらしまたろう）や『物くさ太郎』（もの）といった、庶民を主人公にした**お伽草子**（とぎぞうし）と呼ばれる絵本もつくられるようになりました。

ひとことポイント！ 庭づくりの名人は、いったい誰？

京都市にある龍安寺には、砂や岩などで自然をたくみに表現した庭園がつくられました。つくられた時期は室町時代と考えられていますが、作庭者ははっきりとはわかっていません。室町幕府8代将軍足利義政に仕えた相阿弥という画僧（絵を描いた僧侶）という説が長らく信じられてきましたが、これも確証がありません。庭の石の一部には名前が刻印されているものがありますが、これも作庭者と断定できず、いまだ作庭者は謎のままです。

[龍安寺の石庭]

PART 2 中世の日本と東アジア・世界の動き

③ 今の世の中にもつながる文化があるってホント？

室町時代に生まれた文化や習慣には、今でも引き継がれているものが多くあります。畳を敷き詰めた書院造の部屋や、祭りの時の盆踊りなどはこの時代に生まれて広まりました。衣服では、これまでの麻に加え朝鮮半島から伝来した木綿が日本人の生活を大きく変えました。木綿は、丈夫で肌触りがよく普及しました。

そのほか、能（能楽）や狂言に加え茶の湯や生け花なども室町時代にはじまりました。応仁の乱がはじまると、京都の公家や僧が、戦いを避けるために地方に移り住んだため、和歌の上の句と下の句を別々の人がつくる連歌などの都の文化が地方にも伝えられるようにもなり、民衆の生活と結びついた文化として広がりました。正月や節句、村祭りなどもこの時代から庶民の間で楽しまれるようになったものです。

[はじめのころの能の舞台が描かれた『洛中洛外図屏風』]

コレだけはおさえておこう！

① 足利義満の時代に栄えた文化は、◻◻◻文化と呼ばれる。

② ◻◻◻は、畳を敷き詰め床の間を持つ部屋のつくりである。

③ 観阿弥・世阿弥親子によって◻◻◻が完成した。

④ 和歌の上の句と下の句を別々の人がつくる◻◻◻が地方にも伝わった。

答え ①北山 ②書院造 ③能（能楽）④連歌

49

22 イスラム教やキリスト教はどのように変化したの？

流れを大づかみ！

イスラム世界では
高度な文化が発達！
→
ヨーロッパでは
ローマ教皇が
強大な権力を持つ！
→
ルターらの
宗教改革によって
大きな変化！

① イスラム世界はどのように発達した？

7世紀初めに西アジアで開かれた**イスラム教**は、ムハンマド（マホメド）が「アラーの前ではすべての人が平等で、アラーの教えを厳しく守るべきだ」と説き、東は中央アジア、西はイベリア半島にまで急速に広がりました。9世紀ごろまでには聖典の「コーラン」を基礎とする法が整えられ、その法に基づいて指導者が政治を行うようになったのです。イスラム世界の中心都市となったバグダッド（現在のイラクの首都）は、人口が150万人をこえる国際都市として、海や陸の交易によって繁栄しました。

イスラム世界では、オリエントの文化、ギリシャの文化、インドの文化、中国の文化などが融合し、高度な文化がみられるようになりました。インドで用いられていた数字をもとに**アラビア数字**をつくり、中国から伝わった火薬や羅針盤などを改良しました。また、航海において必要な**天文学**の研究が進みました。

② キリスト教がたどった歴史って？

キリスト教は、「神の前ではみな平等であり、神の愛によって誰もが救われる」と説き、4世紀にはローマ帝国の国教とされ、ヨーロッパに急速に広まりました。4世紀末にローマ帝国は東西に分裂し、5世紀には西ローマ帝国が滅びましたが、その後に成立した国々は、**ローマ教皇**を頂点とする**カトリック教会**との結びつきを重視しました。もう一方の東ローマ帝国（ビザンツ帝国ともよばれる）では正教会が成立し、ギリシャやトルコの周辺を領土として15世紀まで続きました。

キリスト教をはじめたイエスが処刑された地であるエルサレムがイスラム世界の勢力下に入ると、ローマ教皇はエルサレムを取り戻すため、各国に呼びかけて**十字軍**を派遣しました。十字軍は11世紀末から13世紀にかけてたびたび派遣され、キリスト教とイスラム教の対立が続きましたが、最終的には失敗に終わりました。

十字軍の派遣は、ヨーロッパにイスラム世界の文化をもたらすとともに、古代ギリシャやローマの文化を再評価する動きを生みました。この風潮を**ルネサンス（文芸復興）**とい

キリスト教をめぐる 2つの宗派

ひとことポイント！

　キリスト教はいろいろな考え方にもとづいて信仰されました。なかでも、ローマ教皇（法王）をリーダーとする教えは、古くからの教えや制度を大切にしていて、教皇に従う人々をカトリックと呼びました。一方、ドイツのルターたちのように、ローマ教皇に従わずカトリックに反対する人々は、「抗議する人々」という意味のプロテスタントと呼ばれました。ルターらの宗教改革の動きを受け、カトリック教会でも勢力回復のため改革が進められ、アジアやアメリカなどにキリスト教を伝えていったのです。

い、貿易によって繁栄していたイタリアの都市を中心に、**レオナルド＝ダ＝ビンチ**の「モナ＝リザ」や、**ミケランジェロ**の「ダビデ像」など、絵画や彫刻、建築、文学などで人間の個性や自由を表現した作品が数多く生み出されたのです。同時に、実験や観察によって世界を正しくとらえようとする考え方も強まり、科学技術も発達しました。

［ ルネサンスのころにサンドロ・ボッティチェリが描いた『プリマヴェーラ』 ］

③ 宗教改革はどうして起こったの？

　十字軍の失敗などによってカトリック教会の権威が衰えると、教会が資金不足に陥りました。16世紀になると、購入すれば罪が許されるとする札（免罪符）を売って収入を得ようとしたローマ教皇の方針に反対し、ドイツでは**ルター**、スイスでは**カルバン**などが**宗教改革**を起こしました。宗教改革を支持する人々は、**プロテスタント**（抗議する者）と呼ばれるようになりました。

　この動きを受けて、カトリック教会でも改革運動が盛んになり、**イエズス会**のように海外布教に力を入れる動きも出てきました。

✏ コレだけはおさえておこう！

① イスラム世界の範囲は、西は 　　　　　 にまで達した。

② ローマ教皇は、エルサレムを取り戻すために 　　　　　 の派遣を呼びかけた。

③ 古代ギリシャやローマの文化を見直す文芸復興の風潮を 　　　　　 という。

④ ドイツでは、 　　　　　 が宗教改革を起こした。

答え　①イベリア半島　②十字軍　③ルネサンス　④ルター

㉓ ヨーロッパ人はなぜ日本にきたの？

スペインや
ポルトガルが
世界中に進出！

➡

イエズス会が
海外で積極的に布教！

➡

種子島に鉄砲が、
鹿児島に
キリスト教が
伝来する！

① 新航路の開拓はどうして始まった？

ヨーロッパで肉料理に用いられる**香辛料**は、東南アジアが生産地であり、イスラムの商人を通じて手に入れていたことから高価で貴重なものでした。そのため、ヨーロッパでは海路で直接アジアにおもむき、香辛料を手に入れようとする動きが起こったのです。また、15世紀末にイベリア半島からイスラム教徒を追い出した**ポルトガ**

[16世紀初めの世界の様子]

ルや**スペイン**は、海外に進出して支配地を広げようと計画しました。

ポルトガルは東へ向かい、**バスコ＝ダ＝ガマ**がアフリカ南端を回ってインドに到達する航路を開きました。スペインは西へ向かい、**コロンブス**が大西洋を横断してインドを目指し、北アメリカ州に到達しました。さらに、スペインが派遣したマゼラン船隊は、16世紀前半に世界一周に成功し、地球が球体であることを証明しました。

② スペインやポルトガルはどのように支配を広げた？

ポルトガルは、インドのゴアや東南アジアのマラッカなどを拠点に貿易を進めました。また、スペインは中南アメリカに積極的に進出し、現在のメキシコ周辺に栄えたアステカ帝国や、現在のペルー周辺に栄えた**インカ帝国**を征服すると、金・銀の採掘などを進めました。また、両国はカトリックの国々であったため、宗教改革に対抗してローマ教会の立て直しを目指す**イエズス会**などが宣教師を積極的に海外に送り出し、アジアや中南アメリカなどで活発な布教活動を進めました。

| | | | | | | | | | | | | | | | ▼いまココ！ | | | | | |
| 3 | 4 | 5 | 6 | 7 | 8 | 9 | 10 | 11 | 12 | 13 | 14 | 15 | 16 | 17 | 18 | 19 | | 20 | | 21 |

| 古墳 | 飛鳥 | 奈良 | 平安 | 鎌倉 | 室町 | 戦国 | 江戸 | 明治 | 昭和 | 平成 |
| | | | | 南北朝 | | 安土桃山 | | 大正 | | 令和 |

スペインとポルトガルの
植民地支配の影響

スペインとポルトガルの海外進出が進むと、両国の間で植民地支配をめぐって対立が生じました。そこで、ローマ教皇が仲介する形で、地球を2分割して東をポルトガル領、西をスペイン領とする条約（＝トルデシリャス条約）が結ばれました。その結果、南アメリカ州の大部分がスペイン領となる中、ブラジルだけがポルトガル領となりました。

現在でも、南アメリカ州の多くの国がスペイン語を公用語とする中、ブラジルだけがポルトガル語を公用語としているのは、このことが影響しています。

③ 鉄砲とキリスト教は日本にどのように伝わったの？

　ポルトガルやスペインは、16世紀半ばになると東アジアにも進出するようになり、中継貿易に参入するようになりました。こうした中で、1543年に中国の商船に乗って**種子島**（鹿児島県）に流れ着いたポルトガル人によって、日本に**鉄砲**が伝わりました。鉄砲はすぐに注目され、**堺**（大阪府）や国友（滋賀県）などでは、刀鍛冶の職人によって国産化されるようになりました。

　1549年には、イエズス会の宣教師の**フランシスコ＝ザビエル**が鹿児島に上陸し、日本にキリスト教を伝えました。以後、ポルトガルやスペインの船が長崎や平戸などで貿易を行うようになりました。この貿易では、中国の生糸や絹織物とともに、ヨーロッパの鉄砲、火薬、ガラス製品などが輸入され、日本からは大量の銀が輸出されました。当時のポルトガル人やスペイン人は南蛮人と呼ばれたため、この貿易を**南蛮貿易**といいます。

　キリスト教は西日本を中心に広まり、貿易の利益を求めた戦国大名の中にも信者になるケースが出てきました。これをキリシタン大名と呼びます。1582年には、イエズス会のすすめで九州のキリシタン大名である大友氏、大村氏、有馬氏が4人の少年をローマ教皇のもとに派遣しました。これが**天正遣欧少年使節**です。この使節によって、ヨーロッパに日本が知られるようになりました。

PART
3

近世の日本と世界

コレだけはおさえておこう！

① ［　　　　　］船隊は世界一周を達成した。

② スペインは現在のペルー周辺で栄えた ［　　　　　］ を征服した。

③ 日本で初めて鉄砲が伝わった島は ［　　　　　］ である。

④ 日本に初めてキリスト教を伝えた宣教師は ［　　　　　］ である。

答え ①マゼラン　②インカ帝国　③種子島　④フランシスコ＝ザビエル

PART 3 ▶ 近世の日本と世界

㉔ 織田信長と豊臣秀吉はどのように天下を目指したの？

流れを大づかみ！

| 織田信長が現れ、天下統一を目指すが本能寺の変で滅ぶ！ | ➡ | 豊臣秀吉が信長の後継ぎとして、天下統一を果たす！ | ➡ | 秀吉は太閤検地・刀狩・朝鮮出兵を実施！ |

① 織田信長はどうやって天下を取ろうとしたの？

[織田信長]

　戦国時代が続くなか、16世紀の中ごろになると、全国を支配しようとする戦国大名が現れました。尾張の**織田信長**は、駿河の今川義元を桶狭間の戦いで破り、美濃の斎藤氏も破った後、室町幕府の将軍足利義昭を京都から追放し、室町幕府を倒しました。そして、近江に壮大な安土城を築いて城下町をつくり、ここを本拠地としました。

　信長は、天下統一を進めながら、敵となった者に協力した延暦寺を焼き打ちにし、一向宗（浄土真宗）の信者による一向一揆を弾圧し、仏教勢力への対抗策としてキリスト教を保護しました。また、関所をなくし道路を整備し**楽市・楽座**という自由な商業を認めました。

　天下統一に向かおうとした信長でしたが、中国地方の毛利氏を攻めるために派遣していた**豊臣秀吉**（当時は羽柴秀吉）の救援に向かう途中、家臣の**明智光秀**に本能寺で攻められ、自害しました（**本能寺の変**）。

② 豊臣秀吉はどうやって天下を統一したの？

　信長が滅んだ後、信長の家臣の豊臣秀吉は、**山崎の戦い**で明智光秀を倒して信長の後継者となり、その後に四国や九州、さらに関東・東北の大名を従えながら、大阪・京都・伏見に城を築きました。その間に、全国の金山や銀山を支配下に置き、**関白**や**太政大臣**の地位に就いて、天皇の伝統的な権威も利用しました。そして1590年に小田原の北条氏を滅ぼし、東北地方の伊達氏も従えて全国統一を果たしました。

[豊臣秀吉]

　織田信長が近江の安土に、豊臣秀吉が京都の伏見（その後桃の木が植えられて桃山と呼ばれました）に城を築いたことか

| 3 | 4 | 5 | 6 | 7 | 8 | 9 | 10 | 11 | 12 | 13 | 14 | 15 | 16 | ▼いまココ！ 17 | 18 | 19 | 20 | 21 |

古墳　飛鳥　奈良　平安　鎌倉　室町　戦国　江戸　明治　昭和　平成
南北朝　安土桃山　大正　令和

朝鮮出兵と日本に伝わったもの

ひとことポイント！

　豊臣秀吉による朝鮮出兵は、7年間に及ぶものでした。

　朝鮮では、朝鮮の国土をはじめ、建物などが荒らされ、朝鮮の一般民衆も含む多くの犠牲者が出ました。数万人ともいわれる朝鮮人が日本に連れてこられましたが、そのなかには儒学の学者や陶芸家（陶工）がいました。彼らによって、朝鮮から儒学（朱子学）や陶磁器の技法が日本に伝わりました。特に陶磁器の技法は有田焼（佐賀県）や萩焼（山口県）、薩摩焼（鹿児島県）などの焼き物を発達させました。

ら、この2人の時代を**安土桃山時代**と呼んでいます。

③ 秀吉はどのような政策を進めていったの？

　秀吉は、ものさしやますを統一し、各地に役人を派遣して田畑の面積を測り、土地のよしあしや耕作者を調べ、村ごとに検地帳をつくらせました。また、収穫高を量り、石高という単位で示すようにしました。こうして、秀吉が全国で行った検地のことを**太閤検地**といいます。また、秀吉は**刀狩**を行って農民から刀や弓などの武器を取り上げ、一揆が起こらないようにしました。

　刀狩と検地によって、農民と武士をはっきりと分けました。これが**兵農分離**です。さらに、武士、農民、商人らの身分を固定する身分統制令を出し、職業にもとづく身分制社会をつくりました。

　秀吉は、長崎がキリスト教の教会に寄進されていたことや、その教えが広がっていく様子を見て、宣教師の国外追放を命じましたが、貿易は認めたため不徹底に終わりました。

　秀吉は、明への侵略を計画し、二度にわたる**朝鮮出兵**を行いました（**文禄の役・慶長の役**）。しかし大名や庶民の負担は大きく、豊臣氏の勢いは急速に衰えてしまったのでした。

PART 3 近世の日本と世界

コレだけはおさえておこう！

① 織田信長は、安土で自由な商売を保障する 　　　　 を行った。

② 豊臣秀吉は、 　　　　 や太政大臣の地位に就き、天皇の権威を利用した。

③ 　　　　 検地では、役人を派遣し、検地帳をつくって田畑の面積を調べた。

④ 二度にわたる 　　　　 出兵で、豊臣氏の勢いは衰えた。

答え ①楽市・楽座　②関白　③太閤　④朝鮮

PART 3 ▶ 近世の日本と世界

㉕ 桃山文化って どんな特色があるの？

流れを大づかみ！

南蛮文化が伝わり、ヨーロッパの学問や芸術が伝わる！ ➡ 豪華絢爛な桃山文化が生まれ、絵画や茶が流行する！ ➡ 庶民の間に木綿が普及し、小唄や浄瑠璃が流行する！

① 南蛮文化はどういう文化？

キリスト教の布教や貿易のために日本にやってきたポルトガル人やスペイン人によって、ヨーロッパの文化が伝わりました。こうした文化を南蛮文化と呼びます。これまで日本にはなかった医学や天文学、航海術など、ヨーロッパの学問や技術が日本にもたらされました。

[南蛮風の風俗『南蛮屏風』]

絵画では、宗教画やヨーロッパ風の絵画が描かれました。活字による印刷技術（活版印刷術）が伝わり、キリスト教関係の本や『平家物語』など日本の本がローマ字で印刷されました。

貿易商人が伝えたもののなかには、たばこやパンなどをはじめ、地球儀や世界地図など、それまでの日本にはなかった珍しいものがありました。

② 桃山文化にはどんな特色があるの？

[姫路城]

織田信長・豊臣秀吉によって国内の統一が進んでいったころに栄えた文化は、桃山文化と呼ばれます。この時代の文化は、当時の戦国大名や大商人である豪商たちが富や権力を手に入れたことから、その気質を反映して豪華な文化となりました。

信長や秀吉たちが安土や大阪、姫路などの各地につくった城は、雄大な天守閣や豪華な書院造を持ち、部屋の内部には狩野永徳らの描いた障壁画が飾られました。

| 3 | 4 | 5 | 6 | 7 | 8 | 9 | 10 | 11 | 12 | 13 | 14 | 15 | 16 | ▼いまココ！ 17 | 18 | 19 | 20 | 21 |

| 古墳 | 飛鳥 | 奈良 | 平安 | 鎌倉 | 室町 | 戦国 | 江戸 | 明治 | 昭和 | 平成 |
| 南北朝 | 安土桃山 | 大正 | 令和 |

歌舞伎の はじまりって？

ひとことポイント！

歌舞伎踊りをはじめた出雲の阿国とは、出雲大社の巫女出身といわれていますが、はっきりとしたことはわかっていません。出雲大社の修理の費用を集めるため、各地に出向いて踊りを披露したと伝えられています。1603年に京都で歌舞伎踊りをはじめると、武士や貴族、庶民などいろいろな身分の人々から広く人気を得ました。その影響力は強く、阿国に従って多くの女性が歌舞伎踊りを行い、女歌舞伎というジャンルが生まれました。

室町時代からはじまり、戦国大名たちが好んだ茶の湯もますます盛んになり、堺の豪商千利休は質素や静かさを重視するわび茶を完成させました。わび茶の広がりは、茶碗などの茶器の発達を生みました。秀吉による朝鮮侵略の時に、多くの朝鮮人陶工が連れてこられましたが、彼らによって伝えられた技術が各地に広がり、優れた陶磁器がつくられました。

PART **3**

近世の日本と世界

③ 当時の民衆の生活は？

この時代の人々の生活も大きく変わりました。麻に代わって通気性のよい木綿の服が人気になり、普及しはじめました。しかも、華やかな色の衣服が用いられるようにもなりました。食事もこれまでは朝夕の2回でしたが、このころ

[三味線をひく人とすごろくで遊ぶ人]

より1日3食になってきました。民家に瓦屋根が使われるようにもなりました。

戦乱が長く続いたため、人々の間に今を楽しもうという傾向が生まれたことから、流行歌である小唄や踊りが流行り、出雲の阿国という女性がはじめた歌舞伎踊りも人気になりました。琉球から伝わった楽器の流れを受けた三味線がつくられ、その演奏に合わせて語る浄瑠璃や、人形操りと結びついた人形浄瑠璃も生まれました。

コレだけはおさえておこう！

① ヨーロッパから伝わった文化のことを、日本では [　　　] 文化と呼んだ。

② 安土城や大阪城の内部には、[　　　] が描いた障壁画が飾られた。

③ 堺の豪商 [　　　] は、わび茶を完成させた。

④ 人々の間では、[　　　] と呼ばれる流行歌や踊りが流行った。

答え ①南蛮 ②狩野永徳 ③千利休 ④小唄

57

㉖ 徳川家康が開いた江戸幕府って？

流れを大づかみ！

| 関ヶ原の戦いに勝利した徳川家康が、江戸幕府を開く！ | ➡ | 将軍が大名に地方支配を任せ、幕藩体制をつくる！ | ➡ | 武家諸法度、禁中並公家諸法度をつくって統制を行う！ |

① 江戸幕府はどのように成立したの？

[徳川家康]

　豊臣秀吉が亡くなった後、関東を領地とする**徳川家康**が力を伸ばしはじめました。秀吉の家臣だった**石田三成**らは豊臣氏の政権を守ろうとしましたが、1600年の**関ヶ原の戦い**で家康は三成らを破り、全国支配を強めていきました。そして1603年、家康は征夷大将軍に任命され、**江戸幕府**を開きました。これが江戸時代のはじまりです。

　家康は、関ヶ原の戦いで三成側についた大名の領地を取り上げ、味方の大名や家臣に与えました。将軍職を子の秀忠に譲って、徳川家が代々将軍を務めることを示し、1615年には**大阪の陣**で豊臣氏も滅ぼし、徳川氏が幕府の権力を固めました。それ以降、徳川氏が約260年にわたって全国を支配することになったのです。江戸幕府が直接支配していた土地（**幕領**）は全国の約４分の１を占め、貨幣をつくる権限や貿易も独占しました。

② 江戸幕府のしくみはどうだったの？

　江戸幕府のしくみは、３代将軍の**徳川家光**の時代に整いました。将軍から１万石以上の領地を与えられた武士を大名、１万石未満の将軍直属の武士を**旗本・御家人**と呼びました。大名が領地や家臣、農民たちを支配するしくみを**藩**と呼び、各藩の政治はすべて藩主である大名に任されました。こうして、将軍と各藩の大名が土地や人民を支配するしくみを**幕藩体制**と呼びます。

　徳川一族の大名は**親藩**と呼ばれ、昔から徳川氏に従ってきた**譜代大名**は重要な地に配置され、関ヶ原の戦い以降徳川氏に従った**外様大名**は東北や九州など江戸から遠い地に

[江戸幕府のしくみ]

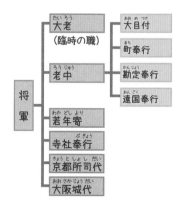

ひとことポイント！ 現代で言うリストラ!? 改易で影響を受ける人

江戸幕府が決めたさまざまなルールのなかで、大名に対し最も重い処分だったのが改易でした。これは、与えた領地を没収し、その家を潰してしまうことです。場合によっては、その大名が切腹を命じられることもありました。そうした場合、藩主である大名に従っていた家臣である藩士は、改易で主君が罰せられるとたちまち藩主に仕えることができなくなります。そうなると、藩士ではなくなります。そうした武士のことを浪士や浪人などと呼んだわけです。

置かれました。幕府では、将軍のもとで老中や若年寄が政治を担当しました。

③ 徳川氏が進めた統制にはどんな特徴があるの？

[主な大名の配置]

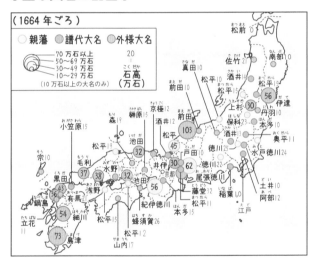

（1664年ごろ）
○親藩 ●譜代大名 ●外様大名
70万石以上
50〜69万石
30〜49万石
10〜29万石
（10万石以上の大名のみ）
20
石高
（万石）

幕府は、大名を巧みに配置して互いに監視させたり、厳しいルールを定めたりするなど、統制のしくみを整えました。大名を取り締まるために武家諸法度を定め、城を直したり、つくったり、勝手に結婚したりすることは厳しく取り締まりました。また、家光の時代には参勤交代の制度が整えられ、大名は1年ごとに江戸と領地を行き来しました。

さらに、朝廷に対しても禁中並公家諸法度を定めて、天皇や朝廷の権力を弱めるようにし、京都所司代という職を置いて天皇家や公家の生活なども監視させました。寺社や神社についてもそれぞれ法度と呼ばれるルールを決め、寺社奉行という職を置いて監視しました。

コレだけはおさえておこう！

① 徳川家康は、関ヶ原の戦いで豊臣秀吉の家臣である [　　　　　] を倒した。

② 1615年の [　　　　　] の陣で、豊臣氏は滅亡した。

③ 昔から徳川氏に従ってきた大名を、[　　　　　] 大名と呼んだ。

④ 江戸幕府は、天皇や公家に対して [　　　　　] 法度を定めて監視した。

答え ①石田三成　②大阪　③譜代　④禁中並公家諸

PART 3 近世の日本と世界

PART 3 ▶ 近世の日本と世界

㉗ 鎖国政策にはどんな意味があったの？

流れを大づかみ！

徳川家康は**朱印船貿易**や**ヨーロッパとの貿易**を認める！ ➡ 江戸時代、キリスト教と貿易を統制するため**鎖国体制**に！ ➡ 長崎で**オランダと中国**との貿易がはじまる！

① 江戸時代初期はどういう貿易だったの？

　江戸時代には、室町時代から取り引きされていた中国産の生糸や東南アジアの産物の貿易がますます盛んになりました。日本人は、国内から採れる大量の**銀**を輸出してそれらを輸入していました。

　徳川家康は、西国の大名や長崎・京都の商人らに**朱印状**という海外渡航を認める許可書を出し、貿易を行わせました。これを**朱印船貿易**と呼びます。この貿易で、多くの日本人が東南アジア各地の港に移り住んだため、日本人による**日本町**ができるようになりました。

　家康は、ポルトガル人やスペイン人と貿易を行っていましたが、神を重んじるキリスト教が急速に広まってきたため、キリスト教を禁止し、宣教師たち

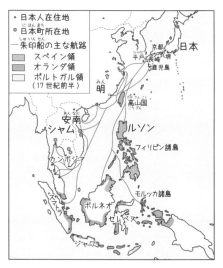

[**朱印船の航路と日本町**]

を国外に追放しました。しかし、後からやってきたイギリス人やオランダ人は国内ではキリスト教の布教を行わなかったため、家康は彼らを歓迎しました。

② なぜキリスト教を禁止して鎖国体制にしたの？

　徳川家康は、当初海外との貿易を重視していたため、ポルトガル人やスペイン人が貿易に加えキリスト教の布教活動を行っているのを黙認していました。しかし、信者が増えたために警戒するようになり、幕府はキリスト教禁教令を出し宣教師や信者の取り締まりをはじめました。

　3代将軍徳川家光は、キリスト教の取り締まりを強化し、貿易を統制するため日本人が海外に行くことや帰国することを禁止しました。そして、1637年に島原・天草地方で大規模な一揆である**島原・天草一揆**が起こると、さらに厳しいキリスト教対策が必要である

ひとことポイント！　キリスト教弾圧に反発した農民たち

　島原・天草一揆が起こった地域は、戦国時代にはキリシタン大名の領地でした。そのため、住民にもキリスト教徒がたくさんいたのです。しかし、江戸幕府がキリスト教を禁止にし、徳川氏の家臣が領主になって特に厳しい弾圧をしたため、この一揆は起こりました。島原・天草一揆で一揆側のリーダーとされたのが天草四郎という少年で、本名は益田時貞といわれていますが、本当のところはくわしくわかっていません。この一揆以後、幕府はますますキリスト教を厳しく取り締まったのでした。

と考え、ポルトガル船の来航を禁止し、オランダ商館を長崎の出島に移しました。こうして、外国との付き合いを制限し、日本人を海外に行かせない政策を、のちに鎖国と呼んでいます。

③長崎での貿易はどうだったの？

　江戸幕府は、幕府の監督のもと、長崎だけで貿易を許可することを決めました。長崎には、キリスト教の布教をしないオランダの商人や中国からの商人がやってきて、中国産の生糸や陶磁器、絹織物、薬、本が輸入され、日本からは銀や銅、陶磁器、海産物が輸出されました。江戸時代に、鎖国下の日本に来ることができた貿易船は、オランダ船・中国船だけでした。

[長崎港図に描かれた出島と唐人屋敷]

　一方、オランダ船や中国船が日本に来る時は、聞き取りを行って海外情報を入手しました。オランダや中国には、海外の事情を記した風説書というレポートの提出を命じたため、江戸幕府は多くの海外情報を得ることができました。

✏️コレだけはおさえておこう！

① 江戸時代初期、日本は ◻︎ を輸出し、中国産の生糸などを輸入した。

② 日本人が東南アジア各地に移り住み、◻︎ と呼ばれる町ができた。

③ 島原・天草一揆の発生後、オランダ商館は長崎の ◻︎ に移された。

④ 江戸幕府は、◻︎ や中国に対し風説書と呼ばれる海外情勢の報告書を提出させた。

答え　①銀　②日本町　③出島　④オランダ

PART 3　近世の日本と世界

28 江戸時代、日本は隣の国とどんな関係だったの?

流れを大づかみ!

| 江戸幕府が朝鮮との国交を回復させ、朝鮮通信使が来日! | ➡ | 琉球王国、薩摩藩の島津氏の支配を受け中国とも交易する! | ➡ | アイヌの人々と松前藩の対立が戦いに発展! |

① 江戸時代の朝鮮との関係はどうだったの?

[江戸城内で陶器や虎の皮などの礼単(進物)を準備する朝鮮通信使]

豊臣秀吉が朝鮮に出兵をしてから、朝鮮との交流は途絶えていました。しかし、現在の長崎県にある対馬藩の宗氏の仲立ちのおかげで徳川家康の時代には国交が回復しました。日本と朝鮮は、徳川将軍と朝鮮国王が互いに相手のことを国の代表として認めながら、国書という手紙のやり取りを行う関係になりました。

その後、将軍が代わるたびに朝鮮から朝鮮通信使という使節が江戸に来るようになりました。室町時代から朝鮮と関係を持っていた対馬藩は、幕府の許可を得て朝鮮の釜山に船を送り、貿易を行いました。朝鮮からは木綿や中国産の生糸などが輸入され、日本からは銀や銅が輸出されました。

② 琉球王国とはどのような関係をつくったの?

徳川家康は、琉球王国に対し日本と明との関係を取り持つように期待しました。そのため薩摩藩の島津氏が、琉球との交渉を行いましたがうまくいきませんでした。そこで、薩摩藩は幕府の許可を得て1609年に武力で琉球を征服しました。江戸幕府は、琉球王国を異国、つまり外国として扱いました。琉球王国は国際的には独立国であり、中国に朝貢し、

[琉球からの謝恩使]

ひとことポイント！ 慶賀使と謝恩使

　江戸時代、異国として扱われていた琉球王国は、江戸幕府より江戸への使節派遣を義務づけられていました。それが慶賀使と謝恩使です。

　慶賀使は徳川将軍の交代を祝う使いとし

て、謝恩使は琉球王国尚氏の国王交代を徳川将軍に感謝する使いとして、薩摩藩の島津氏に命じられて派遣されました。どちらも最初は琉球王国からの自発的なものではなく、幕府の対外的な権威を上げるためのものでした。

貿易も行っていました。

　薩摩藩は、琉球に役人を派遣し、間接的に中国との貿易を行って利益を得るようになりました。また、薩摩藩の監督のもと、琉球王国にも中国へ定期的に使節を派遣させ、朝貢や貿易を続けさせたため、中国の多くの文物が日本にも運ばれました。さらに、徳川将軍や琉球国王の代がわりごとに琉球から江戸まで使節を送らせました。

③ 江戸幕府は蝦夷地やアイヌの人々とはどんな関係だったの？

　このころ、蝦夷地（北海道）には狩猟や漁業で生活をしているアイヌの人々が住んでいました。

　17世紀になると、蝦夷地の南部に領地を持つ松前氏が、江戸幕府からアイヌの人々との交易の独占権を認められました。松前氏は米や食器などのわずかな日用品をアイヌの人々に渡し、サケやこんぶ、毛皮と引き換えるなどして大きな利益を得る一方、アイヌの人々にとっては不利な取り引きを行いました。そのため、アイヌのリーダーだったシャクシャインが、1669年に蝦夷地全域のアイヌに呼びかけて戦に立ち上がりました。（シャクシャインの戦い）。しかし、幕府の助けを得た松前氏がアイヌ勢を破りました。

　江戸時代の後期になると、本州の商人が蝦夷地の漁場に進出するようになり、こんぶなどの海産物が長崎に送られ、中国へ輸出されるようにもなりました。

✏ コレだけはおさえておこう！

① 対馬藩の [　　　　] 氏によって、江戸時代に朝鮮との国交が回復した。

② 江戸幕府の将軍が代わるたびに、朝鮮から [　　　　] が来日した。

③ 薩摩藩の島津氏は、幕府の許可を得て1609年に [　　　　] を征服した。

④ アイヌの人々が起こした [　　　　] の戦いは、松前氏によって鎮圧された。

答え　①宗　②通信使　③琉球王国　④シャクシャイン

PART 3 近世の日本と世界

29 江戸時代の人々は どんな暮らしをしていたの？

流れを大づかみ！

> 江戸時代、武士・百姓・町人の身分に分かれる！

▶

> 村方三役が村を治め、土地を持つ百姓は年貢を納めた！

▶

> 支配者は武士、百姓・町人のほかえた・ひにんも存在！

① 江戸時代の武士と町人はどんな様子だったの？

江戸時代には、豊臣秀吉時代の太閤検地や刀狩などで定まった身分が行き渡り、**武士・百姓・町人**という身分に分かれました。江戸や大名の城下町には、武士と町人が集められて住んでいました。**武士**は、政治を行う支配者の身分で

[**年貢を納める百姓**]

あり、幕府や藩の役職を担当し、米や領地などの俸禄という給料を与えられました。また、名字を名乗って刀を差す帯刀などの特権が認められ、支配身分として名誉や忠義を重んじる道徳意識を持ちました。

町人は、商人や職人から成っており、町に住んで幕府や藩に営業税を納めました。町ごとに、町役人が選ばれて自治を行っていました。町の運営に参加できたのは、家を持つ家持や土地を持つ地主に限られ、多くの借家人は日雇いやものを売り歩く行商で暮らし、店の奉公人や職人の弟子は幼いころから主人の家に住みこんで仕事を覚え、独立を目指しました。

② 江戸時代の百姓と村はどのようだったの？

[江戸時代末期の身分別人口構成]

えた身分・ひにん身分 約1.5%
町人 約5%
武士 約7%
公家、神宮・僧侶、その他 約1.5%

総人口 約3200万人（推定値）

百姓 約85%

江戸時代、全人口の約85％を占めたのは**百姓**でした。ほとんどが村に住んで農業を営む農民で、大部分は自給自足に近い生活を送っていました。農民は、農地を持ち**年貢**を納める本百姓と、農地を持っていない水呑百姓などに分かれていました。村では、名主（庄屋）・組頭・百姓代など**村方三役**という村役人が選ばれ、村の自治を行っていました。

農民に対し課せられたのは、主に収穫した米の40％〜50％

百姓に課せられた年貢と生活のルール

ひとことポイント！

　江戸時代の百姓には、細かい規制が決められました。江戸幕府がはっきりと百姓に対して出したとされる法律は、今のところ存在していませんが、各地域にはそうした規制が残され、今日に伝わっているものもあります。なかには、一日の生活でやるべきことや着る服、食事についてなど、生活の細かいところにまで指示を与えているものもあります。こ

れは、幕府や領主が百姓に対して支配を徹底することや、年貢をしっかりと納めさせることが目的でした。

[百姓の生活心得]　　　　　一部要約

- 一　朝は早く起きて草をかり、昼は田畑の耕作をし、晩には縄をない、俵を編み、それぞれの仕事に気をぬくことなくはげむこと。
- 一　酒や茶を買って飲まないようにせよ。
- 一　百姓は雑穀を食べ、米を多く食いつぶさぬようにせよ。

の年貢でした。幕府や藩は、村の自治に頼って年貢を取り立ててやりくりしていました。幕府は、安定して年貢を取るため、土地の売り買いを禁じたり、米以外の作物の栽培を制限したりするルールを定めました。**五人組**という連帯責任のチームをつくらせ、互いに監視させて犯罪を防止したり、年貢の納入を行わせたりしました。

PART 3

近世の日本と世界

③ 江戸時代の身分制度って？

　江戸幕府は、支配者である**武士**と、**百姓・町人**という身分を全国にあてはめて支配しました。治安の維持や行政、裁判を担当する武士を高い身分とし、商人や職人などの町人より、年貢を納める百姓を重く捉えていました。

　そのほか、百姓・町人の身分のほかに**えたやひにん**と呼ばれる身分がありました。えた身分の人々は、農業をして年貢を納めたり、死んだ牛馬の処理を行い、皮革業や細工物の仕事をしていました。そのなかには、役人のもとで犯罪人の逮捕や処刑の役をする人もいました。こうした人々は百姓や町人と同じように社会を支えていましたが、百姓・町人から疎外され、住む場所や服装などで厳しい制限を受けていました。こうした身分制度は武士の支配に都合よく利用されていたのでした。

コレだけはおさえておこう！

① 江戸時代の身分では、　　　　　　が政治を行う支配者の身分であった。

②　　　　　　は、商人や職人から成り、幕府や藩に営業税を納めた。

③ 江戸時代の人口の約85％を占めた身分は　　　　　　であった。

④ 農民には　　　　　　をつくらせ、互いに監視させ連帯責任を取らせた。

答え　①武士　②町人　③百姓　④五人組

30 江戸時代にはどんな産業が発達したの？

流れを大づかみ！

新田開発が行われ、新たな農具や農業書が登場するように！ ➡ 網を使った漁が発達し、鉱山では金銀銅が採掘された！ ➡ 江戸は「将軍のおひざもと」、大阪は「天下の台所」に！

① 江戸時代の農業はどのように発達したの？

[江戸時代の農具]

江戸時代、17世紀から18世紀にかけて人口が急増したので、幕府や藩によって盛んに**新田開発**が行われました。これは、用水路をつくったり、沼地などを干拓して田にしたりして米の生産量を増やそうというものです。

また、農民たちの間でも、農具や農作業のやり方が改善されました。土地を深く耕せる**備中鍬**や、脱穀作業が楽にできる**千歯こき**などの農具を使ったり、干鰯や油かすなどのより栄養価の高い肥料を使ったりするなどの工夫が凝らされました。農業に関する専門書の**農書**が印刷されて全国に広まったことも、こうした動きを後押しするものでした。その結果、耕地面積も米の生産量も著しく増え、人々の生活は安定していったのでした。

② 江戸時代の漁業や鉱業はどのように発達したの？

一方、漁業の技術も発達しました。17世紀に入ると、釣りによる漁だけではなく、近畿地方の進んだ**漁業の技術**が各地に広まった結果、わら縄に代わって麻糸でつくった**網**を使う漁が各地で行われました。海産物は特産品として各地で取り引きされるようになり、九十九里浜では大規模ないわし漁が行われ、干鰯に加工されて綿の栽培のための肥料として各地に売られました。紀伊や土佐では鯨漁や鰹漁が行われ、赤穂など瀬戸内では塩の生産も盛んに行われました。

鉱業では、**採掘技術**や製鉄などの**精錬の技術**が進歩したので、各地で開発が進みました。佐渡金山・石見銀山・生野銀山・足尾銅山から産出された**金銀銅**は、貨幣にされ、また重要な輸出品にもなりました。

全国から米や産物が集められた大阪

江戸時代の大阪は、各地の大名が領地の農民から取り立てた年貢米や産物が集められた場所でした。多くの大名は、大阪・中之島というところに蔵屋敷を置きました。蔵屋敷は、米や産物の"取引所"です。そこには、取り引きの責任者である商人や売り上げ金の管理をする業者がいて、そこで取り引きが毎日行われていました。なお、大阪のことを「天下の台所」と呼びますが、最近の研究では、後の時代の学者がつけたキャッチコピーであることがわかっています。

③ 江戸時代の交通網や都市はどうだったの？

[江戸時代の交通網]

江戸時代、江戸・京都・大阪の3都市は**三都**と呼ばれ、特に大きく発展しました。**江戸**は「将軍のおひざもと」と呼ばれ、人口が約100万人を数え、国内最大の消費都市でした。江戸・日本橋を起点に**五街道**が整備され、街道には宿駅や関所が置かれ、参勤交代の大名や商人らが行き来していました。

大阪と江戸を海上でつないだ航路では、樽廻船や菱垣廻船といった船が行き来し、木綿や酒・しょう油などが大阪から江戸へ送られました。各地の大名は、大阪に**蔵屋敷**を置き、年貢米や特産品を売り買いしていました。**大阪**には全国の品々が集められたことから、「天下の台所」と呼ばれています。天皇や公家が住む京都は、文化や芸能の中心地として栄え、西陣織や清水焼なども盛んに生産されました。

コレだけはおさえておこう！

① 土地を深く掘るための □□□□□ や、脱穀用の千歯こきが使われた。

② 江戸時代、農業に関する専門書である □□□□□ が印刷され普及した。

③ □□□□□ は、「将軍のおひざもと」と呼ばれ、国内最大の都市であった。

④ □□□□□ は「天下の台所」と呼ばれ、商業都市として発展した。

PART 3 近世の日本と世界

31 元禄文化にはどんな特色があったの？

流れを大づかみ！

京都・大阪を中心に、町人による元禄文化が栄える！ ▶ 歌舞伎がはやり、文芸では3人の文化人が活躍！ ▶ 朱子学が広まり、歴史書や農業書もつくられる！

① 元禄文化ってどのように栄えたの？

室町時代に芽生えた民衆の文化は、17世紀末から18世紀初めにかけて、京都・大阪を中心に町人文化として栄えました。この文化を、栄えた時代の元号から元禄文化と呼びます。

このころの世の中は安定していたため、富をたくわえた町人が俳諧を楽しんだり、芝居を見たり、浮世絵を鑑賞したりするゆとりが生まれました。元禄文化は、これまでと異なり、町人らが文化の受け取り手としての役割を果たしたのです。文学や美術、学問の分野で優れた作品が生まれました。

[近松門左衛門]

[松尾芭蕉]

② どのような芝居や文芸、芸術が人気だったの？

[人形浄瑠璃の舞台]

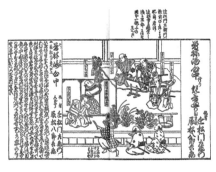

江戸時代初期、踊りから演劇に形を変えた歌舞伎は、流行の歌に合わせて女性や少年が演じていましたが、幕府から禁止され、その後は男性のみが演じる歌舞伎として発展し、人気を呼びました。大阪には芝居小屋が建ち並んでいたほどです。上方では坂田藤十郎の細やかな芸が、江戸では市川団十郎の豪快な演技が人気でした。そして、歌舞伎と同じく人気を得たのが、三味線を伴奏に人形を操る人形浄瑠璃でした。なかでも近松門左衛門は、義理と人情の板挟みになる男女の姿を描いた台本を発表し、人気を博しました。

文学では、井原西鶴が出世や金銭を追い求めて喜んだり悲しんだりする町人や武士の姿を小説に描きました。西鶴の小説のジャンルは浮世草子と呼ばれ人気になりました。俳諧

いきいきとした人間模様を描く井原西鶴

ひとことポイント！

大阪出身の井原西鶴は、町人の家に生まれました。当時、大阪で俳諧の先生をしていた西山宗因という人に学び、1日で2万3500句をつくり上げて人々を驚かせることもありましたが、小説は40歳を過ぎてから書きはじめました。西鶴のジャンルは浮世草子といい、浮き世、つまり世の中のできごとや人間の感情をありのままに描こうとした小説です。男女の恋愛話を描いた好色物や、町人生活を題材にした町人物、武士の生活を描いた武家物などの種類がありました。

では、松尾芭蕉が自然のなかに人生を見つめるような作風で、町人らに親しまれました。

絵画では、尾形光琳が江戸時代初期に現れた俵屋宗達の絵に刺激を受け、華やかな装飾画を描きました。また菱川師宣は、庶民の生活や風俗を描く浮世絵をはじめました。

[俵屋宗達『風神雷神図屏風』]

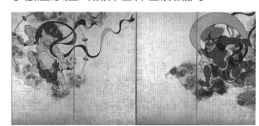

PART 3 近世の日本と世界

③ 江戸時代には、どんな学問が発達したの？

江戸時代には、武士や知識人の教養として儒学が好まれました。なかでも身分や立場の上下を重んじる朱子学が広まり、5代将軍徳川綱吉は孔子をまつる聖堂を江戸の湯島に建て、武士に学問を奨励しながら、政治の安定を図ろうとしました。各藩でも武士の教育に力を入れるようになり、18世紀中ごろになると、武士の子弟を学ばせる学校として藩校が各地にできました。

17世紀中ごろには、水戸藩主徳川光圀によって歴史書である『大日本史』の編集がはじまりました。宮崎安貞は、農業の専門書として『農業全書』を書き、農業の発展に役立てました。関孝和は、日本のオリジナルの数学である和算を確立しました。このほか、天文学や医学、植物学でも優れた研究が行われました。

コレだけはおさえておこう！

① 17世紀末から18世紀初めにかけて栄えたのは、□□□□文化である。

② 演劇である□□□□では、坂田藤十郎や市川団十郎が活躍した。

③ □□□□の小説は、浮世草子として人気を得た。

④ 江戸時代は、儒学のなかでも身分の上下を重んじる□□□□が広まった。

答え　①元禄　②歌舞伎　③井原西鶴　④朱子学

69

32 江戸幕府が取り組んだ政治改革って？

流れを大づかみ！

明暦の大火の発生以降、幕府財政が悪化していく！

➡

8代将軍徳川吉宗による享保の改革がはじまる！

➡

商業重視の田沼政治の後、倹約を進める寛政の改革が行われる！

① 江戸幕府の財政はどうして悪化したの？

　17世紀後半になると、金山や銀山からの金・銀の産出量が減った上、**明暦の大火**という江戸の大半を焼いた火災からの復興費用や、5代将軍徳川綱吉による神社・寺院の造営などで幕府の財政（お金のやりくり）が悪くなっていました。

　そこで幕府は、これまでよりも金や銀の割合が少ない貨幣を新しくつくり、これまでの貨幣を回収して利益を上げましたが、お金の量が増えたことでインフレーション（物価が上がること）が起こってしまいました。さらに、米以外のさまざまな商品がつくられるようになったことで、年貢収入が増えないのに対し、年貢米を売ってさまざまなものを買う支出の方が多くなってきたため、幕府や藩では財政が苦しくなってきたのでした。

② 享保の改革にはどんな特徴があるの？

　そこで、8代将軍に就いた**徳川吉宗**は、徳川家康のころの政治を理想として、幕府政治を改革しはじめました。幕府の財政状況をよくするために、倹約をして支出を減らす一方、新しい田の開発を進めたり、豊作や凶作にかかわらず年貢の取り立てを一定にしたりするなど、収入を増やす取り組みを行いました。さらに、**上げ米の制**といって参勤交代で大名が江戸に滞在する期間を半年に減らす代わりに、幕府に米を献上させる、といったこれまでにない改革を進めました。また、裁判や刑の基準を定めた**公事方御定書**を制定したほか、政治への意見投書箱である目安箱を置き、民衆の意見を政治の参考にしました。

[徳川吉宗]

　こうした吉宗の政治改革を**享保の改革**と呼んでいます。この改革の結果、幕府は収入を増やすことに成功しましたが、農民の負担も増え、その上飢饉が起こり米の値段が上がったため、江戸で初めての打ちこわしが起こりました。

ひとことポイント！ 田沼意次と松平定信の意外な関係

田沼意次は、10代将軍徳川家治に気に入られて出世し、側用人から老中に就任しました。積極的な財政政策を進めましたが、賄賂政治を批判されます。その批判をしていた一人が、実は松平定信でした。そこで田沼は定信を白河藩（福島県）に追い出してしまいます。白河藩主にさせられて悔しかった定信は、飢饉の被害が激しい地域の藩主だったのにもかかわらず、見事に藩の政治を立て直しました。それが評価されたことで、江戸に戻り老中になったのです。

③ 田沼意次と松平定信はどんな政治を行ったの？

[打ちこわしの様子『幕末江戸市中騒動図』]

18世紀後半になると、10代将軍の信頼を得て出世した老中の**田沼意次**が政治を進めました。田沼は、商工業者の同業組合である**株仲間**の結成をすすめ、運上・冥加といった営業税の収入を増やしました。また、中国向けに輸出する俵物という海産物を増やす狙いで蝦夷地の開発を計画し、長崎の貿易を盛んにしようとしました。しかし、経済的な利益を重視するあまり、賄賂が盛んに行われ、また、天明の飢饉が発生したことで各地で百姓一揆が起こり、田沼は批判を浴びて老中を退きました。

田沼の後に老中として政治改革に取り組んだのが、吉宗を祖父とする**松平定信**です。定信は、農業を基本とする政策をとり、百姓の都市への出稼ぎを制限し、江戸に来ている農民にお金を与えて村に帰ってもらおうとしました。飢饉対策としては、各地に米をストックさせ、江戸に軽犯罪者用の仕事の訓練施設をつくりました。こうした取り組みは寛政の改革と呼ばれましたが、これも十分な成果は上げられませんでした。

✎ コレだけはおさえておこう！

① [　　　　　] と呼ばれる、江戸を焼き尽くす火事が起こっていた。

② 徳川吉宗は、[　　　　　] の制で参勤交代の滞在期間を半減させる代わりに、米を献上させた。

③ 田沼意次は、[　　　　　] の結成を認め、運上・冥加の収入を増やした。

④ 松平定信が行った一連の政治改革は、[　　　　　] と呼ばれる。

答え ①明暦の大火　②上げ米　③株仲間　④寛政の改革

33 民衆の暮らしには どんな変化が見られたの？

流れを大づかみ！

農民の生活が
苦しくなる一方、
家内工業が発達！

➡

農村で盆踊りが定着し、
寺院や神社への参詣が
人々の間で流行！

➡

百姓一揆が
起こるようになり、
打ちこわしも発生！

① 江戸時代の農村にどんな変化があったの？

江戸時代の農村では、農業が発達したことで、農具や肥料を買うために農民にも貨幣が必要になってきました。そのため、土地をもとにお金を借りたのに返せなくなってしまい、土地を手放して小作人になる人や、都市に出稼ぎに出る人が出てきました。その一方で、土地を買い集めて地主になる人もいて、農民の間に貧富の差が生まれたのです。

[工場制手工業 『尾張名所図会』]

そうした農村では、農民が自分でつくった製品を問屋に売るという家内工業が発達してきました。18世紀ごろからは、問屋が農民に道具や原料を前貸しして布などを織らせ、それを買い取る問屋制家内工業というスタイルが生まれました。さらに、19世紀になると、一部の大商人や地主のなかには、工場をつくり、人を雇って分業にして共同作業で物をつくらせるようになりました。これが工場制手工業（マニュファクチュア）です。これによって、近代工業が発展していくことになったのです。

② 農村での暮らしや文化はどうだったの？

農村では、季節に合わせた年中行事や神社・寺院の祭礼に合わせ、農作業を休む日を決め、晴れ着を着たりごちそうを食べたりする習慣が広まりました。盆踊りや民謡といった、今も行われている歌や踊りはこのようななかで盛んになっていきました。

裕福な一部の農民のなかには、学問を好んで学者などの文化人と交流する人もいました。人々は講という組織をつくってお金を出し合い、三重県の伊勢神宮や和歌山県の熊野大社に詣でたり、四国や西日本の寺を回ったりしました。こうした旅に出ると、旅先で農業技術などを見たり聞いたりできたので、それらを自分の村に持ち帰って試すことで、農業の発達に役立った面もありました。

平等に責任を負うための丸い署名

ひとことポイント！

　江戸時代に起こった百姓一揆は、時代に合わせて形が変わっていきました。17世紀後半は村役人などの有力百姓が村人の代表として領主に訴えました。しかし、その有力百姓はほとんどが処刑されてしまったのです。そのため、18世紀後半になると一揆の参加者は丸く署名をするからかさ連判状をつくり、共同で責任を取ることを明らかにして一揆を起こしました。それが19世紀になると、世の中を変えてほしいという要求の世直し一揆となり、この一揆は幕末から明治時代まで起きました。

[からかさ連判状]

③ 江戸時代に発生した百姓一揆の特徴は？

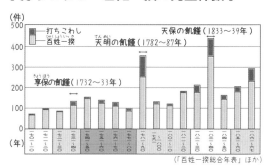

　幕府や藩で政治の改革が進んでいたなか、領主が厳しく年貢を取り立てたり、商品作物を安く買い上げたりして、生活に苦しむ百姓が増えてきました。そうした百姓たちは、村で不正を働く代官の交代や年貢の引き下げを訴えるため、**百姓一揆**を起こしたのです。特に、飢饉が発生した時は一揆が増えました。

[打ちこわし・百姓一揆の発生件数]

（「百姓一揆総合年表」ほか）

　一方、江戸や大阪などの都市部では、都市の貧しい人々が米の買い占めや売りおしみをする商人に対し、家を襲って破壊しに行く**打ちこわし**が起こりました。こうしたことが起こると、幕府や藩はえた・ひにん身分の人々に対して日常生活や服装でさらに厳しい統制をして、百姓一揆をおさえるために農民と対立させることもありました。こうしたなかでも、差別された人々は、助け合いながら生活を高めていったのです。

コレだけはおさえておこう！

① 18世紀ごろより、［　　　　　　］家内工業が行われるようになった。

② ［　　　　　　］手工業では、分業にして共同作業でものをつくった。

③ 人々は［　　　　　　］という組織をつくり、伊勢神宮などへ詣でた。

④ 村では、年貢の引き下げや代官の交代を求める［　　　　　　］が起こった。

答え ①問屋制　②工場制　③講　④百姓一揆

PART 3 近世の日本と世界

③④ 江戸時代に 流行した学問って？

流れを大づかみ！

| 化政文化がはやり、写楽・歌麿・北斎らの浮世絵が人気！ | ▶ | 狂歌・川柳がはやり、こっけい本や歌舞伎が人気！ | ▶ | 国学が盛んになり、蘭学（洋学）が発達！ |

① 江戸時代後期に流行した庶民文化は？

[寺子屋の様子]

　江戸時代後期になり、経済の中心が大阪から江戸になるにつれ、文化の中心も京都・大阪の上方から江戸に移りました。19世紀初めのころ、江戸を中心に庶民による文化が栄え、それが地方にも広がっていったのです。これが**化政文化**です。名前は当時の元号である文化・文政からとられています。

　このころになると、印刷技術が発達したことで浮世絵では**錦絵**という多色刷りの版画が登場して、色鮮やかな作品が数多く生まれました。歌舞伎の人気役者を描いた**東洲斎写楽**や美人画を描いた**喜多川歌麿**、また**葛飾北斎**や**歌川（安藤）広重**は風景画を描き、人々の旅への興味をかき立てました。

　このほか、庶民の間には遠くの神社や寺院に出かける参詣や旅が娯楽として広まったことや、各地に庶民の教育の場として**寺子屋**が増えてきたことにより、人々は「読み・書き・そろばん」を身につけるようになりました。

② 江戸後期に流行した文学や芝居は？

　このころ、社会は行き詰まりを見せており、思想や風俗の取り締まりが厳しくなっていたため、元禄文化のような活気はありませんでした。そんななか、幕府の政治を風刺し、民衆の生活をおもしろおかしく表現した**狂歌**や**川柳**が流行しました。俳諧では**与謝蕪村**や**小林一茶**らが評判でした。小説では、おもしろおかしい小説として**十返舎一九**の『**東海道中膝栗毛**』はこっけい本と呼ばれて人気となり、長編小説の**曲亭（滝沢）馬琴**の『**南総里見八犬伝**』も好まれました。

　また、**歌舞伎**が大人気となり、相撲や落語を楽しむ寄席も親しまれました。江戸・大阪などの大都市には芝居や寄席、見世物小屋など常設の娯楽施設ができたため、人々の楽しみは広がりました。

根気強く翻訳を重ね 完成した医学書

『解体新書』は、オランダ語の医学書を日本語に翻訳した、初めての翻訳解剖書です。杉田玄白と前野良沢は、死刑囚の人体解剖を初めて見学した時に、オランダ語の医学書を持って行きました。そして、その本がとても正確に人体の様子を記しているのを見て、その本の翻訳を決意します。しかし、当時は辞書などありません。そこで、オランダ人に同行して定期的にやって来る長崎の通訳にアドバイスを受けながら、苦労して『解体新書』をつくったのでした。

[杉田玄白]

③ 国学や蘭学はどのように盛んになったの？

[伊能忠敬が作成した地図]

江戸時代、武士の学問として儒学が奨励されていましたが、次第に仏教や儒教が伝わる以前の日本古来の精神を学ぼうという国学という学問がおこり、本居宣長がこれを大成させました。その後、国学は当時の社会を批判する考え方や天皇を尊ぶ考え方（これを尊王といいます）と結びつくようになり、幕末に巻き起こる尊王攘夷運動に影響を与えました。

また、徳川吉宗が外国の本である洋書の輸入禁止を緩めたため、西洋の学問を研究しようという蘭学が盛んになりました。これは洋学とも呼ばれます。

江戸では、前野良沢と杉田玄白の2人の医師が中心となってオランダ語の解剖書を翻訳して『解体新書』を出版し、平賀源内は日本で初めて寒暖計や発電機をつくりました。伊能忠敬は、幕府の命令で日本全国を測量し、極めて正確な日本地図をつくりました。

コレだけはおさえておこう！

① 浮世絵では [　　　　] という多色刷りの版画が人気を得た。

② 江戸後期、[　　　　] や小林一茶などの俳諧が親しまれた。

③ 日本古来の精神を学ぼうという [　　　　] が、本居宣長によって大成された。

④ 杉田玄白・前野良沢らが解剖書を翻訳して『[　　　　]』を出版した。

PART 4 ▶ 近代国家のあゆみと国際社会

35 近代革命と産業革命で何が変わったの？

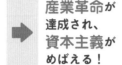

流れを大づかみ！

| イギリスでは名誉革命が、アメリカでは独立戦争が起こる！ | → | 産業革命が達成され、資本主義がめばえる！ | → | 資本主義に対抗して、労働運動や社会主義が広がる！ |

① イギリスとアメリカの様子はどうだったの？

17世紀から18世紀のヨーロッパでは、各国が激しく争っていました。なかでも強かったのはイギリスとフランスでした。そのイギリスでは政治が国王と議会で行われていましたが、国王が議会を無視した政治を行ったため、議会側が国王を処刑する**ピューリタン革命**を起こしました。その後王政が復活しますが、また国王が思いのままの政治をはじめたため、**名誉革命**が起こり、議会を尊重する国王が選ばれ、「**権利の章典**」ができました。ここに世界で初めての立憲君主制と議会政治がスタートしたのです。

[17世紀のイギリス議会]

イギリスの植民地からはじまったアメリカでは、18世紀後半にイギリスが一方的な課税をすることに抵抗して**独立戦争**を起こし、**独立宣言**を発表してイギリスとの戦争に勝って合衆国憲法を定め、世界初の大統領制の国となりました。

② 産業革命って何？

[世界で最初の蒸気機関車]

イギリスはかつてアジアとの貿易を行うなかで、インドから綿織物を大量に輸入していました。しかし、18世紀後半から糸をつむぐ**紡績機**や布を織る**織機**の改良が進んで、輸入した綿花を国内で綿織物に加工し、アフリカやインドに輸出するようになりました。そのうち、それらの機械は水力から蒸気機関を動力とするようになり、大量に生産できるようになりました。こうして、

| 3 | 4 | 5 | 6 | 7 | 8 | 9 | 10 | 11 | 12 | 13 | 14 | 15 | 16 | 17 | 18 | ▼ いまココ！ 19 | | 20 | 21 |

古墳　飛鳥　奈良　　平安　　鎌倉　室町　戦国　　江戸　　明治　昭和　平成
南北朝　　安土桃山　　　　　大正　　令和

産業革命でめばえた 社会主義

ひとこと ポイント！

　産業革命は、「機械化された質の良い品物が、安く大量生産できる」という、これまでにない画期的な生産体制が達成されて起こりました。これを最初に達成したイギリスは、たちまち豊かな国になっていきました。

　しかし、一方で労働者を安い賃金で雇ったり、労働者を極めて悪い生活環境で働かせたりしたため、平等な社会を築くべきだという社会主義がめばえました。工場や機械を持つ資本家を倒してこれを共有にすることで、平等な社会を築こうという考え方が次第に広がっていきました。

機械化された工場で安く大量生産する体制が整いました。機械の改良や発明で経済や社会が大きく変わったことを、**産業革命**と呼びます。これを世界で初めて達成したのがイギリスでした。

　産業革命はイギリス以外のヨーロッパ諸国やアメリカでもおこり、ものをつくる機械や工場を持つ資本家が経営者になって、賃金をもらって働く労働者を雇うしくみができました。これが**資本主義**です。

③ 産業革命の影響はどうだったの？

　産業革命がはじまったころ、労働者は安い賃金しかもらえず、また職を失うこともありました。工業化が進むことで大気汚染などの被害も深刻になってきました。生活環境が悪く、貧富の差が広がってきたのです。

　そのため、労働者は生活や権利を守るために労働組合をつくり、労働時間を短くしたり賃金を上げるよう求める運動をはじめました。これが**労働運動**です。その結果、労働者を守ろうという法律ができました。こうして、資本主義を批判する考え方がめばえ、なかには労働者を中心とした社会を目指そうという考え方も生まれました。これが**社会主義**です。これは、ドイツ人のマルクスなどが唱えた考え方で、すべての土地や工場などの私有をやめ、利益はみんなでともに分かち合い貧富の差をなくそうとするものでした。

PART **4**

近代国家のあゆみと国際社会

コレだけはおさえておこう！

① イギリスでは、国王を議会側が処刑する ☐ 革命が起こった。

② アメリカでは、イギリスの干渉を排除する ☐ 戦争が起こった。

③ ☐ 革命とは、機械の発明などで社会が変わったことである。

④ ☐ 主義とは、私有をやめ貧富の差をなくそうとする考え方である。

答え　①ビューリタン　②独立　③産業　④社会

77

PART 4 ▶ 近代国家のあゆみと国際社会

③⑥ 19世紀の欧米諸国では何があったの？

フランス革命が起こり、市民が国をつくるようになった！ ➡ イギリスが世界で最も栄え、世界経済の中心となる！ ➡ ヨーロッパやアメリカで、帝国主義が広がる！

① 19世紀のヨーロッパで見られた動きとは？

[欧米諸国の植民地分布]

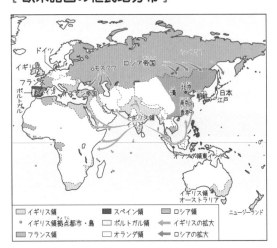

□ イギリス領　■ スペイン領　■ ロシア領
• イギリス領拠点都市・島　□ ポルトガル領　◀ イギリスの拡大
■ フランス領　□ オランダ領　◀ ロシアの拡大

　19世紀のヨーロッパでは、産業革命が広がったことで経済が発展しましたが、一方で苦しい生活を強いられている労働者が改善を求める労働運動がはじまりました。さらに、国王がすべての権限を握っていた**絶対王政**のフランスで、18世紀に古い制度を廃止して国王を処刑し、市民が国をつくった**フランス革命**が起こりました。人々の自由と平等、国民主権を主張した**人権宣言**が発表されると、その影響がほかの国にも伝わり、国民意識が高まっていきました。

　フランス革命の影響を恐れた国々は、フランスへ軍を送り戦争をはじめました。フランス革命後の政府は混乱が続いていましたが、外国との戦争で活躍した軍人の**ナポレオン**が権力を握って皇帝となり、革命の理念を踏まえた法律を整えました。自由や平等を訴えたフランス革命は、生まれや国籍を問わず人々の人権を理想とした革命だったので、他の国の人々に希望を与えたのです。

② 強いイギリスはどのようにできたの？

　世界で最初の産業革命を達成して世界初の工業国になったイギリスは、19世紀に最も栄えました。首都**ロンドン**は世界最大の都市になり、鉄道が全国に整備され、世界で初めての万国博覧会も開かれました。そして、強力な海軍の力を背景に、世界各地に**植民地**を持つようになり、**大英帝国**と呼ばれました。

　イギリスは、機械でつくった製品を大量に生産して世界中に輸出したので「**世界の工場**」

3	4	5	6	7	8	9	10	11	12	13	14	15	16	17	18	19	20	21

▼いまココ！

古墳　　飛鳥　奈良　　　平安　　　鎌倉　室町　戦国　　江戸　　明治　昭和　平成
　　　　　　　　　　　　　　　　　南北朝　　安土桃山　　　　　　　　大正　　令和

ひとことポイント！ アメリカのはじまりと成長

　アメリカ合衆国は、もともとイギリスから海を渡ってやってきた人々がつくった国でした。最初はアメリカ大陸の東海岸だけがアメリカ合衆国の国土でした。そのうち、19世紀半ばまでに西海岸まで領土を広げました。

　しかしその後、経済政策や奴隷制をめぐって南部と北部が対立する南北戦争という内乱が起こりました。戦争後は北部を中心に工業が急激に発展し、ヨーロッパの国に迫る成長が見られました。その後、太平洋を横断してアジアへも進出するようになったのです。

と呼ばれました。首都のロンドンには、世界の経済を動かす資金が集まり、**世界経済の中心の役割**を果たしていました。

③ 帝国主義って何？

[アメリカ合衆国の拡大]

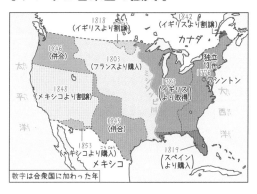

1818（イギリスより割譲）
1842（イギリスより割譲）
カナダ
1846（併合）
1803（フランスより購入）
独立13州
1783（イギリスより取得）
1776⑦ワシントン
1848（メキシコより割譲）
メキシコ
1845（併合）
1853（メキシコより購入）
1819（スペインより購入）
メキシコ
太平洋　ミシシッピ川　大西洋
数字は合衆国に加わった年

　19世紀後半になると、産業革命を実現したイギリスのやり方をまねて経済力をつけたほかのヨーロッパの国々が、**植民地**を求めてアフリカやアジアへ勢力を広げようとしました。植民地があれば、資源や市場が得られるからです。そのため、武力（軍事力）を使って領土や植民地を手に入れようとすることがありました。この考え方を**帝国主義**と呼びます。

　帝国主義は、イギリス以外のヨーロッパの国々にも少しずつ広がり、やがてアメリカにも広がっていきました。帝国主義になった欧米諸国は、植民地を求めアジアやアフリカなどに進出し、植民地の富を奪い取っていきました。欧米諸国のこうした動きは、やがて江戸時代の日本にも及ぶようになり、幕府が交流を認めていないオランダ以外の国々の船が、日本の近海で目撃されるようになってきたのでした。

PART 4
近代国家のあゆみと国際社会

コレだけはおさえておこう！

① 自由や平等を訴えた ☐ 革命は、世界の人々に希望を与えた。

② イギリスの首都 ☐ は世界最大の都市として栄えた。

③ イギリスは世界に植民地を持つようになり、☐ 国と呼ばれた。

④ ☐ 主義とは、武力で領土や植民地を広げようとする考え方である。

答え　①フランス　②ロンドン　③大英帝　④帝国　　79

37 アジア諸国ではどのような変化があったの？

流れを大づかみ！

ヨーロッパ諸国が
アジアに進出し、
領土を持つように
なる！

➡

インド大反乱を
おさえたイギリスが、
インドを
植民地とする！

➡

アヘン戦争が
起こり、イギリスが
清に勝利して
優位に立つ！

① ヨーロッパはどのようにアジアを侵略したの？

　16世紀から18世紀のヨーロッパの国々は、アジア諸国に対しキリスト教の布教や貿易を行うことを考えていました。しかし、19世紀になると、ヨーロッパ人は世界各地の情報を集めながら、貿易を行うだけではなく**アジアで事業を展開する**ようにもなりました。こうしてヨーロッパ諸国は、産業革命を達成したことでアジアに対し優位に立ち、強い軍事力をもって相手を従わせ、支配するようになったのです。貿易では、アジアから絹や茶、陶磁器などを輸入し、代わりに自分の国でつくった工業製品を輸出しました。このような動きを最初に見せたのが、最初に産業革命を起こし、**帝国主義**の国になっていた**イギリス**だったのです。

　イギリスは、軍隊を使ってほかの国を自分の国の領土とする**植民地政策**を進め、インドや中国へ進出しました。

② イギリスはなぜインドを支配しようとしたの？

[インド大反乱]

　インドでは、イギリスがフランスとの勢力争いに勝ったため、18世紀後半からガンジス川の下流地域を支配するようになりました。**東インド会社**を設立して積極的な貿易を行っていたイギリスは、機械化によって安く生産された綿織物を大量にインドに輸出し、また、インドを統治して人口の多いインドで多くの税金を取り、本国に送るようになりました。

　すると、インドの人々は東インド会社に対する不満を爆発させ、インド人兵士が各地で反乱を起こします。これが1857年に起こった**インド大反乱**です。イギリスはこれを軍隊で鎮圧し、東インド会社を解散してインドを直接統治するようにしました。そしてインド皇帝を退位させ、イギリス国王をインド皇帝にしてインドを植民地支配したのです。

ひとことポイント！ イギリスの貿易赤字からはじまった三角貿易

アヘン戦争は、イギリスがインドで栽培したアヘンを清に密輸して利益を上げていたため、清がそれを阻止しようとしてはじまりました。

イギリスは、それまで東インド会社が清に銀を売って茶を買っていましたが、清はイギリス製の綿織物を輸入しないため、イギリスの貿易は赤字が続いていました。そのため、政府は東インド会社の独占であった貿易を自由化しました。そしてイギリスは、インドに綿織物を輸出し、インドから清にアヘンを密輸させ、清から茶を買う三角貿易を行ったのでした。

[イギリスの三角貿易]

③ 清とイギリスの間で何があったの？

18世紀の中国では、清が欧米諸国と貿易をしていましたが、自分の国を守るため欧米と貿易する港を1つに制限していました。そのため、イギリスは綿織物などの工業製品が売れず、清との貿易は大きな赤字でした。

[アヘン戦争]

そこで、イギリスは綿織物をインドに輸出し、インドはアヘンを栽培して清に密輸し、清はイギリスに茶を売るという三角貿易を行いました。すると、清でアヘンを吸う習慣が広まったため、厳しく取り締まりました。それに対しイギリスは1840年に艦隊を派遣し、清を攻撃しました（アヘン戦争）。

この戦争に勝利したイギリスは、1842年に南京条約を結んで清に上海など5つの港を開かせ、香港をゆずってもらった上に賠償金を支払わせました。さらに翌年には、中国でイギリス人が罪を犯しても清の法律では罰せられず、イギリス人の領事が裁判を行う領事裁判権を認めさせ、清の輸出品に対する関税自主権を認めない、不平等な条約を結ばせました。その後アメリカやフランスも同じような条約を結んだのです。

✏ コレだけはおさえておこう！

① 産業革命を初めて起こした ［　　　　］ は、インドや中国へ進出した。

② インドでは、インド人兵士たちが1857年に ［　　　　］ を起こした。

③ 1840年の ［　　　　］ 戦争では、清がイギリスに敗れた。

④ 清は、［　　　　］ 裁判権を認める条約をイギリスやアメリカなどと結んだ。

PART 4 近代国家のあゆみと国際社会

PART 4 ▶ 近代国家のあゆみと国際社会

㊳ 欧米諸国は日本に 何をしにきたの？

流れを大づかみ！

天保の改革の失敗後、ペリーが来航し日米和親条約を結ぶ！

➡

井伊直弼が大老に就任し、日米修好通商条約を結ぶ！

➡

欧米諸国との貿易で、輸出より輸入が増えて金が海外へ！

① ペリーはどうして日本に来たの？

[ペリー]

　19世紀になると、ロシアをはじめとする欧米の船が日本の近海に来るようになりました。国内では、老中水野忠邦がこれまでの改革を手本に、株仲間の解散を行って物価を下げようとしたり、アヘン戦争で清が敗れたことで異国船打払令を廃止したりする天保の改革を行いました。しかし、不景気になり、政策に対する反対も多く、改革は失敗に終わりました。

　水野が老中を辞めさせられた10年後の1853年、アメリカの使節ペリーが軍艦を率いて浦賀（神奈川県）にやってきました。アメリカは中国と貿易をしていて、太平洋横断のための港を日本に開くように求めてきたのです。老中の阿部正弘は、海岸の防備が十分でないため、争いを避けようとアメリカの要求を受け入れ、翌1854年に再びペリーが来た時に日米和親条約を結び、下田（静岡県）と函館（北海道）の2港を開くことなどを認めました。こうして、鎖国体制は崩れました。

② 欧米諸国と結んだ条約はどんな条約だったの？

　日米和親条約にもとづいて、アメリカの代表ハリスが日本にやってきました。ハリスは、日本に港を開くだけでなく正式な国交や貿易をはじめるための条約を結ぶよう求めました。江戸幕府は朝廷に許可を求めましたが認められませんでした。
　その後、彦根藩主の井伊直弼が大老に就任し、清がイギリス・フランスに再び敗れたことを知って、天皇の許可を得ないまま1858年に日米修好通商条約を締結しました。この条約で函館・神奈川（横浜）・長崎・新潟・兵庫（神戸）の5港を

[開港地の地図]

函館
1854年3月31日

新潟
1869年1月1日

長崎
1858年6月2日

神奈川（横浜）
1858年6月2日

浦賀

兵庫（神戸）
1868年1月1日

下田
1854年3月31日

- 日米和親条約で開いた港
- 日米修好通商条約で開いた港
- 青字は開かれた年月日

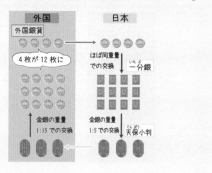

金銀の交換比率の違いで 金貨が国外に持ち出される！

ひとこと ポイント！

日米修好通商条約によって、欧米諸国との貿易がはじまりました。条約では、日本の金貨や銀貨と欧米諸国の金貨や銀貨をそのまま交換して使うと決めたのですが、欧米での交換比率が金1：銀15だったのに対し、日本は金1：銀5でした。日本では銀の価値が高いため、諸外国は自国の銀貨を大量に日本へ持ち込み、それを日本で金貨に換えて自国に持ち帰り、自国の銀貨に交換すると、持ち込んだ銀貨のおよそ3倍の銀貨が手に入ったのです。このため、日本の金貨が海外に流出したのです。

[日本の金貨が外国に流出したしくみ]

外国　　　　　　日本
外国銀貨
4枚が12枚に
ほぼ同重量での交換　一分銀
金銀の重量　　金銀の重量
1:15での交換　1:5での交換　天保小判

開港し、貿易を行うことが決まりました。しかし条約は、**領事裁判権**を認め、日本の**関税自主権**がないものであり、日本にとっては**不平等条約**だったのです。

③ 日本が諸外国とはじめた貿易はどうだったの？

　貿易は、条約締結の翌1859年から横浜・函館・長崎でスタートしました。日本から欧米諸国へは**生糸**や茶が輸出され、なかでも生糸の輸出が急速に伸び、生糸の生産地は大いににぎわいました。最初の数年間の貿易は輸出の方が輸入を上回りました。そのため国内では生糸や茶が一時的に品不足となり、値段が上がってしまいました。一方、日本は欧米諸国から**毛織物**や**綿織物**など機械でつくられた工業製品を輸入しました。最初は輸出が多かった貿易も、やがては輸入する量が増えるようになり、**輸入が輸出を上回る**ようになりました。

　また、貿易のため海外と国内の貨幣を交換すると、日本の金貨が海外へ流出してしまうことになり、それを防ごうとして金の品質を落とした金貨を大量につくりました。そのため、物価が急激に上がってしまったのでした。

PART 4

近代国家のあゆみと国際社会

✏ コレだけはおさえておこう！

① 水野忠邦が進めた ☐ の改革は失敗に終わった。

② アメリカ人ペリーは、1854年に日本と ☐ 条約を結んだ。

③ 大老 ☐ は、1858年にハリスと日米修好通商条約を結んだ。

④ 欧米諸国との貿易では、日本から ☐ や茶が輸出された。

答え ①天保　②日米和親　③井伊直弼　④生糸

㊴ 江戸幕府は どうして滅んだの？

流れを大づかみ！

大老井伊直弼は、安政の大獄で一橋派を弾圧する！ ➡ 桜田門外の変で井伊が殺され、尊王攘夷運動が激しくなる！ ➡ 薩長同盟ができた一方で、徳川慶喜が大政奉還を行う！

① 江戸幕府の内部でどんな対立があったの？

　幕府が条約を結んだことで、強い危機感が生まれました。国内では、薩摩など力を持った藩（これを雄藩と呼びます）は、危機を乗り切るために有力な大名で政権をつくり、世の中の意見を広く取り入れようと考え、将軍の後継ぎに水戸藩出身の徳川（一橋）慶喜を迎えようとします。この勢力は一橋派と呼ばれました。

　しかし、大老の井伊直弼は紀伊藩の徳川慶福を将軍におし、慶福は家茂と名前を変えて将軍に就任しました。そして、一橋派の大名やその家臣を処罰しました。これを安政の大獄と呼びます。しかし、井伊が天皇の許可なく通商条約を結び、安政の大獄で公家や民間の志士も含め多くの人々を処罰したことで、幕府に対する非難の声が急速に高まりました。

② 尊王攘夷運動ってどんな運動？

　幕府が外国の圧力に負けて朝廷の許可を得ずに通商条約を結び、鎖国をやめて開国したことで、国内では天皇を尊ぶ尊王論が高まってきました。

[桜田門外の変]

そして同時に、外国勢力を打ち払えという攘夷論も高まり、2つが結びついて尊王攘夷運動へと発展したのです。

　そんななか、1860年に藩を抜けた水戸と薩摩の志士たちが、安政の大獄の処罰に怒って井伊を暗殺する事件が起こりました（桜田門外の変）。この事件が起こったことで、人々の間には朝廷を政治の中心にして、外国人を追放しようという尊王攘夷運動が広がっていったのです。そこで、幕府は、孝明天皇の妹和宮を14代将軍の徳川家茂の妻に迎え、

手を取り合った 薩摩と長州

ひとことポイント！

薩摩藩は、外様大名の島津氏が治めた藩でしたが、さまざまな意見を広く取り入れようという幕府の方針によって、ペリー来航以降幕府の政治に参加するようになりました。

一方、同じく外様大名の毛利氏が治めた長州藩は、孝明天皇が攘夷を唱えていたことから、早くから攘夷を主張し、幕府の開国政策を批判していました。何度も衝突していた2つの藩をつないだのが、やはり外様大名の山内氏が治めた土佐藩出身の坂本龍馬でした。坂本龍馬の仲立ちによって薩長同盟が成立し、明治維新以後の政治は薩摩藩や長州藩の出身者が牽引していきました。

朝廷（公家）と幕府（武家）で協力し合う**「公武合体策」**を進めますが、長州藩を中心とする尊王攘夷運動がますます激しくなり、外国人の殺傷事件なども相次ぎました。薩摩藩もイギリス商人たちを殺す事件（**生麦事件**）を起こしたため、イギリス艦隊に鹿児島を砲撃されてしまいました（**薩英戦争**）。

③ 薩長同盟って？どうして幕府はなくなったの？

尊王攘夷運動の中心にいる長州藩は、孝明天皇が攘夷を唱えていることで幕府に攘夷を迫り、1863年に関門海峡を通過する外国船を砲撃しましたが、イギリスをはじめとする四国連合艦隊に反撃されて損害を受け、攘夷が不可能であることに気づきます。その後は京都に戻り幕府を倒そうとする倒幕を計画するようになったのです。

攘夷が困難であることを悟った薩摩藩と長州藩は接近し、土佐藩出身の**坂本龍馬**らの仲立ちで**薩長同盟**が結ばれ、倒幕を目指す

[**大政奉還**]

ようになったのです。こうした情勢のなか、将軍徳川慶喜は、天皇のもとで大名の会議を開き、自分は議長として実権を持ち続けようと考え、土佐藩からの提案で政権を朝廷に返上する**大政奉還**を行いました。

コレだけはおさえておこう！

① 大老の井伊直弼は、一橋派を処罰する ____ を行った。

② 水戸と薩摩の志士たちは、井伊直弼を殺害する ____ を起こした。

③ 朝廷と幕府が協力する動きを ____ 合体策と呼んだ。

④ 徳川慶喜は、土佐藩からのすすめで政権を返上する ____ を行った。

答え ①安政の大獄　②桜田門外の変　③公武　④大政奉還

PART 4 ▶ 近代国家のあゆみと国際社会

㊵ 明治維新で何が起きたの？

流れを大づかみ！

王政復古の大号令が出され、戊辰戦争で新政府軍が勝利！ ▶ 中央集権国家を目指し、版籍奉還・廃藩置県を行う！ ▶ 華族・士族・平民の身分をつくり、四民平等を進める！

① 明治新政府はどうやって成立したの？

[東京へ向かう明治天皇の一行]

大政奉還を行っても政権を維持できると考えた徳川慶喜でしたが、朝廷は幕府や摂政・関白をなくし天皇を中心とする新政府を立てる**王政復古の大号令**を出しました。これによって、全国から有能な人材を集め、幕府の領地を取り上げ、天皇が直接政治をすることを決めたのです。しかし、このやり方に旧幕府側は納得しません。薩摩・長州藩を中心とした新政府軍と旧幕府軍との内戦が京都の鳥羽・伏見からはじまりましたが、結局旧幕府側は敗れました（**戊辰戦争**）。

戊辰戦争のさなか、新政府は天皇が公家や大名を率いて神々に誓う形を取り、**五箇条の御誓文**という新しい政治の基本方針を発表しました。同じ年、江戸を東京に改称して政府を移し、元号を慶応から明治と改めました。江戸時代から明治時代にかけて政治や社会、経済を近代化させようとして進められた一連の改革を**明治維新**と呼びます。

② 廃藩置県はどうやって進めたの？

戊辰戦争の時、薩摩や長州藩出身者などが集まってできた新政府は、幕府の領地や敵として戦った藩の領地も取り上げて府や県を置いていましたが、それ以外の藩はそれまでどおりの大名が支配をしていました。しかし、新政府はかつて天皇が国を治めていた律令時代のような国づくりを理想としていました。

そこで、中央に太政官という機構を新た

[明治新政府のしくみ]

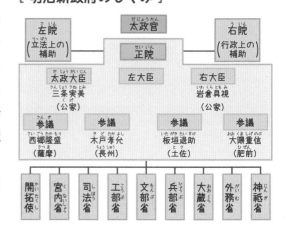

| | | | | | | | | | | | | | | | | | ▼いまココ！ | | |
|3|4|5|6|7|8|9|10|11|12|13|14|15|16|17|18|19| |20|21|

古墳	飛鳥	奈良	平安	鎌倉	室町	戦国	江戸	明治	昭和	平成
			南北朝		安土桃山			大正	令和

ひとこと ポイント！ 身分制度廃止後も 生活に苦しむ人が増えた

　明治政府は、江戸時代まで差別されてきたえた・ひにんを廃止する「賤称廃止令」を出しました。これは、「解放令」とも呼ばれていて、身分も職業も平民と同じとする、というものでした。しかし、実質的には世の中に

おける差別は強く残っており、新平民などと呼ばれて差別され続けました。

　それまで彼らの生活の支えとなっていた仕事がもたらす利益に着目した実業家が、こうした仕事を手がけるようになったり、徴兵などの義務も加わったりしたこともあって、生活に苦しむ人が増えました。

につくって権力を集中させました。その上で、江戸時代以来の藩がまだ残っていたことから、**中央集権国家**にするために1869年に諸大名から領地（版図）と領民（戸籍）を天皇に返上させました。これを**版籍奉還**といいます。これで、大名と家臣の主従関係はなくなりました。さらに、1871年には藩をなくして府と県を置き、中央政府から地方官として**府知事・県令**を送り込む**廃藩置県**を行いました。

③ 明治時代になってから身分制度はどうなったの？

[華族・士族・平民の 人口割合]

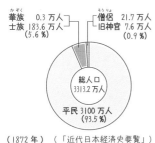

華族　0.3 万人
士族 183.6 万人
（5.6 %）

僧侶 21.7 万人
旧神官 7.6 万人
（0.9 %）

総人口
3313.2 万人

平民 3100 万人
（93.5 %）

（1872 年）（「近代日本経済史要覧」）

　さらに明治政府は、政治制度を変えるだけではなく、江戸時代以来の身分制度を廃止しました。天皇家の一族を**皇族**、公家や大名を**華族**、武士を**士族**とし、百姓や職人・商人を**平民**としました。さらに、「解放令」を出してえた・ひにんも平民としました。そして政府は、**四民平等**の理念のもとに、平民に名字を名乗ることや華族・士族・平民相互の結婚を認め、職業の選択や移動の自由も許しました。また、のちには刑罰もすべての身分に平等に科すようにルールづくりをしていきました。

　しかし、法令で職業選択や結婚・移動の自由を認めたにもかかわらず、人々の間では身分的な関係は残り、特にもとのえた身分やひにん身分に対する差別は根強く残りました。

✏ コレだけはおさえておこう！

① 朝廷は、幕府や摂政・関白をなくし天皇を中心に政治を行うと宣言する ［　　　　　］ を出した。

② 旧幕府側と新政府軍の戦いである ［　　　　　］ 戦争は、新政府軍が勝利した。

③ 諸大名から領地と領民を返上させる ［　　　　　］ が行われた。

④ 廃藩置県を行った結果、各地に地方官として府知事・［　　　　　］ が置かれた。

答え ①王政復古の大号令　②戊辰　③版籍奉還　④県令

PART 4 近代国家のあゆみと国際社会

㊶ 富国強兵って 何が行われたの？

流れを大づかみ！

富国強兵策として、地租改正を行い安定した税の収入確保！	➡	徴兵令・学制を定めるが、それに反対する一揆が起こる！

北海道では屯田兵が開拓の中心となった！

① 政府はどんな政策を進めていったの？

　明治政府は、日本が欧米諸国に対抗する近代国家になるために、国力をつけ兵力を強くする**富国強兵**をスローガンとして、いろいろな政策を進めていきました。

　まず、税として納めさせていた年貢米は天候や収穫量で値段が常に変化したため、米ではなく現金で納めさせることにしました。土地所有者や面積、土地の値段である地価を記した地券を発行して土地所有権を認め、地価の３％を地租として現金で納めさせるようにしました。これによって、土地所有者が税金の負担者になり、政府は米のできにかかわらず、安定した税の収入が得られるようになりました。これを**地租改正**と呼びます。

　しかし、人々の税負担は以前の年貢とあまり変わらなかったことから、各地で地租改正反対一揆が発生しました。これを受けて、政府は1877年に地租を地価の2.5％に引き下げたのです。

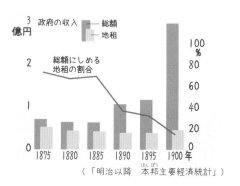

[政府の収入の移り変わり]

（「明治以降　本邦主要経済統計」）

② 富国強兵と教育制度はどのようなものだったの？

　明治政府は、全国統一の軍隊制度をつくるため、**徴兵令**を出して満20歳以上の男性に徴兵検査を受けさせ、３年間の兵役を義務づけました。これは、国民皆兵という考え方にもとづくものでした。しかし、一家の主人や長男、学生などは免除を認められるなど、多くの免除規定があり、実際の兵役についたのは貧しい農家の次男や三男でした。そのため、農家は働き手を奪われてしまうことから、徴兵に反対する**一揆**が各地で起こりました。

　また政府は、四民平等と富国強兵を進めるために幅広い知識を国民に身につけさせることが必要と考え、**学制**を定め、６歳以上の男女すべてを小学校に通わせることにしました。

近代的な兵隊の育成と士族の没落

日本の軍隊は、海軍はイギリス式、陸軍はフランス式（のちにドイツ式）を採用し、徴兵令によって集めた人々を兵士として育成しました。一方で、それまで武士だった者（士族）にも政府が引き続き俸禄（給料）を支払っており、財政の大きな負担となっていました。政府が1876年に俸禄の支給を打ち切ると、士族は生活に行き詰まり、新しく商売を始める者や、北海道に渡って屯田兵になる者が多くあらわれました。士族の中には西南戦争のように政府に対する反乱を起こす者もいましたが、こうした反乱は徴兵制でつくられた近代的な軍隊の前に敗れ去ったのです。

しかしその一方、学校の建設費や授業料を国民の負担にしたことや、当時の農村では子どもも貴重な労働力であったことなどから、これに反対する動きもありました。また、男子の就学率に比べて女子の就学率が低い傾向が続き、就学率が9割以上に達したのは明治時代後期のことでした。

③ 屯田兵ってどんな人たち？

明治政府は、ロシアと国境をめぐり揉めていたことから、北海道の開拓と防衛に力を入れる必要がありました。1869年に蝦夷地を北海道という名に改めると、現在の札幌市に開拓使を置いて開拓を進めるとともに、札幌農学校を設置してクラークなど外国人の講師を招き、優秀な人材の育成にあたりました。開拓の中心となったのは、日常は農地の開墾や農作業にあたり、非常時には武器を持って防衛にあたる屯田兵です。屯田兵の中には、武士としての特権や職を失った士族が多く含まれていました。

札幌農業学校初代教頭のウイリアム・スミス・クラーク

その一方で、先住民族のアイヌの人々は、しだいに生活が奪われていきました。アイヌの伝統文化や言語が否定されて同化政策が進められ、1899年には北海道旧土人保護法が制定されましたが、その後も長く民族差別は続きました。

コレだけはおさえておこう！

① 明治新政府は、国力をつけ兵力を強くする［　　　　］をスローガンとした。

② ［　　　　］によって、地価の3％を現金で納める税の制度になった。

③ ［　　　　］では、満20歳以上の男性に3年間の兵役を義務づけた。

④ 北海道では、［　　　　］とよばれる人々を中心に開拓が進んだ。

答え ①富国強兵　②地租改正　③徴兵令　④屯田兵

PART 4 近代国家のあゆみと国際社会

42 文明開化って何だろう？

流れを大づかみ！

近代産業を取り入れる**殖産興業政策**を実施！

➡ 周辺の国々との間で**国境を画定**させる！

➡ 文明開化が広がり、外国人居留地・ガス灯・れんがづくりの洋館ができる！

① 近代産業はどのように育成されたの？

明治政府は、積極的に外国人技術者を招いて進んだ技術を取り入れた国営工場である**官営模範工場**をつくりました。また、鉄道を開通させたり、新たな通信制度の導入も進めました。このように近代的な産業を育てようとしたことを、**殖産興業**といいます。工業では群馬県に**富岡製糸場**がつくられ、フランスから最新の機械を導入して生糸の生産を行いました。交通では1872年の**新橋－横浜**間を始めとして、鉄道が開通しました。通信では前島密の立案で飛脚に代わり**郵便制度**が導入されるとともに、全国各地を結ぶ電信網が整えられました。

[**現在も残されている富岡製糸場**]

② 周辺国との国境はどのように決まったの？

近代化を進める中で避けて通れなかったことの一つに、欧米で確立していた国際関係をアジアでも確立することがありました。そのために、国境を明確に画定する必要が生じました。薩摩藩の支配下にあった一方で清への朝貢も続けていた琉球王国については、1872年に琉球藩を置き、その後廃藩置県を断行して**沖縄県**を置きました。これ

年	できごと
1872	琉球王国を琉球藩とする
1875	樺太・千島交換条約が結ばれる
1876	小笠原諸島の領有を宣言する
1879	琉球藩を廃して沖縄県を置く
1895	尖閣諸島を沖縄県に編入する
1905	竹島を島根県に編入する

を**琉球処分**といいます。北方では、ロシアとの間に**樺太・千島交換条約**を結んで、樺太をロシア領、千島列島の全島を日本領としました。また、捕鯨船の寄港地として欧米人が住むようになっていた小笠原諸島の領有を宣言するとともに、閣議決定によって尖閣諸島や竹島の領有を明確にしました。

| 3 | 4 | 5 | 6 | 7 | 8 | 9 | 10 | 11 | 12 | 13 | 14 | 15 | 16 | 17 | 18 | 19 | ▼いまココ！ 20 | 21 |

古墳　飛鳥　奈良　　平安　　鎌倉　室町　　戦国　　江戸　　明治　昭和　平成
南北朝　安土桃山　　　　　　　　　　大正　　令和

海外から文化・学問を取り入れた教育者

ひとこと
ポイント！

大阪に生まれた福沢諭吉は、大阪にあった適々斎塾（適塾）という蘭学の塾で蘭学を学び、江戸に蘭学塾（のちの慶應義塾）を開きました。幕府の使節とともに通訳として幕府の船である咸臨丸に乗って欧米に渡り、1年間の留学から帰ってくると、一時幕府の家臣として仕えました。

その後、二度にわたって欧米諸国をまわり、帰国後は西洋の政治や制度を紹介する本である『西洋事情』を書いたり、日本を立派な国にするためには学問に励むことが大切であるという『学問のすゝめ』を書いたりして多くの人に影響を与えました。

③ 文明開化で何がどう変わったの？

日本に西洋の影響が及んできたことで、人々の日常生活に西洋風のものが取り入れられていきました。洋服や洋食、洋館などの風俗や文物が社会全体に広がっていきました。こうした風潮を文明開化と呼びました。

外国との貿易がはじまった横浜や神戸では、外国人居留地ができ、れんが

[横浜に開通した鉄道]

づくりの洋館が建てられ、町並みが西洋風になりました。ガス灯が現れ、人力車や馬車が走ったり、洋服姿の人々が増えたりしていきました。1873年からは西洋と同じカレンダーである太陽暦が使用されましたが、農村では江戸時代以来の暦の方が農作業や祭りに合っていたため、従来の暦が使われていました。

また、欧米の学問を学んだ人々の中には、西洋の知識や制度を取り入れるよう主張する人も出てきました。福沢諭吉が輸入した本を翻訳して世界の様子を紹介したり、中江兆民はフランスのルソーの思想を広めたりしました。

PART
4

近代国家のあゆみと国際社会

✏ コレだけはおさえておこう！

① 群馬県に、官営模範工場として [　　　　] がつくられた。

② 北方の国境を画定するために、ロシアとの間で [　　　　] が結ばれた。

③ 明治初期、西洋風の生活や風俗が取り入れられる [　　　　] の風潮が広がった。

43 自由民権運動はなぜ起こったの？

流れを大づかみ！

政府の内部で、征韓論をめぐり対立が生じる！ ➡ 国会の開設を求める自由民権運動がはじまる！ ➡ 10年後の国会開設が約束され、政党が結成された！

① 立憲政治とはどういう政治？

[征韓論の議論の様子]

イギリスやアメリカの政治は、選挙による議会で重要な決定を行うしくみでした。日本でも幕末より、議会にもとづく政治のしくみが注目されるようになりました。

政府は、不平等条約を改正するために岩倉具視を中心とする使節団（岩倉使節団）を送っていましたが、その間にもさまざまな政策を進めました。もと武士の士族に対し、刀を持つことを禁じたり給与も廃止したりしました。そのため士族の不満が高まってきたことから、その不満をそらすため、鎖国していた朝鮮に開国を求めて**西郷隆盛**を派遣し、場合によっては武力行使をしようという強硬策を決定しました。これが**征韓論**です。しかし、欧米諸国から帰国した大久保利通や伊藤博文らは国内改革を優先すべきだとして、この征韓論に反対しました。その結果、西郷隆盛や板垣退助は政府を去ったのです。その後、不平士族の反乱が相次いで起こり、ついには西郷隆盛が**西南戦争**を起こしましたが、鎮圧されました。これ以降、言論を通じての政治改革を求める声が高まりました。

② 自由民権運動はどんな運動？

西郷とともに政府を去った板垣退助らは、薩摩や長州など一部の藩出身者が政治を専制的に行っているとして、選挙や議会のしくみをつくるべきだと主張し、**民撰議院設立の建白書**を政府に提出しました。こうして、憲法をつくり、国会を開こうとする**自由民権運動**がスタートしました。

初めのころの自由民権運動は、士族が中心でしたが、やがて豪農と呼ばれる地方の有力農民らにも広がり、各地で運動を進める結社などの団体ができました。高知にできた立志社という結社は、やがて各地の代表を集めて愛国社という全国的組織となり、その後国会

| | 3 | 4 | 5 | 6 | 7 | 8 | 9 | 10 | 11 | 12 | 13 | 14 | 15 | 16 | 17 | 18 | 19 | ▼いまココ！ | 20 | | 21 |

古墳　飛鳥　奈良　　平安　　鎌倉　室町　戦国　　江戸　　　明治　昭和　平成
南北朝　安土桃山　　　　　　　　大正　　令和

ひとことポイント！

さまざまな立場の人が日本にふさわしい憲法を考えた

　自由民権運動が盛んになるなか、人々の間では日本にふさわしい憲法の私案をつくることが盛んになった時期がありました。そうした憲法私案のことを私擬憲法と呼びました。こうした私擬憲法は、政府機関がつくったものから民間で作成されたものまで、さまざまな種類のものがありました。いずれの私擬憲法も、立憲君主制を定め、国民の自由や権利を認めていました。なかには、政府の圧力に対して抵抗できたり、革命を起こせるとしたものもありました。

の開設を求める**国会期成同盟**になりました。すると政府は集会条例を出すなど、民権運動をおさえながらも立憲政治についての検討をはじめました。

③ どういう政党ができたの？

[板垣退助]　　[大隈重信]

　その当時の政府内部では、憲法の制定はまだ早いとする意見やただちに国会を開くべきだという意見もあり、まとまりがありませんでした。ところが、北海道の開拓を担当した官庁である開拓使が、所有する工場や鉱山などを薩摩藩出身者の関係する商社に不当に安い値段で払い下げ（＝売る）ようとしたことが国民にわかり、政府を攻撃する声が高まりました。そのため、岩倉や伊藤博文らは払い下げを中止し、この事件を民権派にもらしていると見られた**大隈重信**を政府の職から解任します。そして、10年後の国会開設を公約する**国会開設の勅諭**を出し、ドイツ（プロイセン）流の憲法をつくる方針を決定しました。

　そこで板垣退助は**自由党**を、大隈重信は**立憲改進党**を結成し、憲法の草案を考えたり新聞に意見を発表したりしたのでした。

✏ コレだけはおさえておこう！

① 鎖国していた朝鮮への武力行使の意見は、[　　　　　]論と呼ばれた。

② 板垣退助らは、[　　　　　]の建白書を提出し、議会設立を主張した。

③ 政府は、10年後の議会開設を約束する[　　　　　]の勅諭を出した。

④ 板垣退助は[　　　　　]党を、大隈重信は立憲改進党を結成した。

答え ①征韓　②民撰議院設立　③国会開設　④自由

㊹ 明治時代の内閣と憲法の特徴って？

流れを大づかみ！

> ドイツを模範とした**憲法**ができ、**内閣制度**が導入される！

▶

> **大日本帝国憲法**が誕生し、**帝国議会（国会）**ができる！

▶

> 各地に**学校制度**が整い、**教育勅語**がつくられる！

① 内閣制度はどのように成立したの？

　国会の開設を約束した政府は、政党の政治参加を認める一方、政権を政党に奪われないような方針を立てました。このころ、憲法の制定準備をしていた**伊藤博文**は、君主権の強いドイツ（プロイセン）の憲法を参考にしようとヨーロッパに渡り憲法を学びました。帰国すると、華族令を定めて華族の特権を認めたり、国有林などを皇室に移すなどして、皇室の経済的基盤を強化しました。

　そして、憲法に関連するさまざまな制度をつくり、1885年にはそれまでの太政官制を廃止して、ヨーロッパ諸国にならい**内閣制度**を創設しました。これによって、各省の長官は国務大臣となり、内閣総理大臣を中心に直接天皇を補佐する体制がつくられ、伊藤が初代の内閣総理大臣となりました。しかし、国務大臣のほとんどを薩摩・長州藩出身者から選んだため、政党側からは"**藩閥政府**"と非難されました。藩閥とは、"特定の藩出身者でつくるグループ"という意味です。

② 大日本帝国憲法ってどうやってできたの？中身は？

[**憲法発布の様子**]

　国家体制の整備が進むなか、伊藤博文は憲法の草案づくりをはじめました。天皇の相談に応える機関として枢密院が設置され、天皇の出席のもと審議や修正が行われていきました。そして、1889年2月11日、天皇が国民に授けるという形式で**大日本帝国憲法（明治憲法）**が発布されたのです。

　憲法では、主権は天皇にあり、**帝国議会**（国会）・各大臣・裁判所・陸海軍の助けを得て立法・行政・司法の三権と軍事のすべての権限を握るなど、天皇に極めて大きな権限が与えられました。天皇は政治責任の問

教育の基本理念は明治天皇の言葉

ひとことポイント！

　教育勅語は、日本の教育の基本方針として、井上毅と元田永孚という二人によって編集された、明治天皇の勅語です。第1回帝国議会が開かれる直前の1890年に発布されました。学校で行われる各教科の内容は、この勅語の趣旨にもとづいて行われることになりました。なかでも、修身（現在の道徳にあたる教科）は天皇への忠誠心を養い育てることを軸に、親孝行や勤勉などを教育するものとして小学校における教科の首位に置かれまし

た。しかし、第二次世界大戦後には教育勅語・修身とも廃止になりました。

[教育勅語]

われない存在で、国家の統治権を一手に握る国家元首と定められました。また、法律をつくったり予算を決定したりする機関として貴族院と衆議院からなる帝国議会が置かれました。日本国民は天皇の臣民とされ、法律の許す範囲内で言論や出版、結社、信教の自由が保障されました。日本は、憲法と議会を備えたアジア初の立憲制国家となったのです。

③ さまざまな制度はどのように整っていったの？

　憲法と議会が発足したころは、いろいろな制度が整えられていきました。特に、学校教育の制度は国が理想とする「国民」をつくり出すためのものとして重要視されました。
　政府は、学校令を出して小学校をつくり4年間の義務教育にすることや、教員養成のための師範学校、中学校、帝国大学などといった学校制度を整えました。そしてこれらの学校には天皇の教育勅語を下しました。これは、天皇に対して忠義を尽くし、国を愛する忠君愛国の精神や父母への孝行などを国民道徳の基本にすえるためのものでした。

PART
4
近代国家のあゆみと国際社会

✏️ コレだけはおさえておこう！

① 1885年、それまでの太政官制を廃止して 　　　　 制度が創設された。

② 1889年2月11日、天皇が国民に授ける形で 　　　　 が発布された。

③ 薩摩や長州藩出身者が多くを占める政府は、政党側から 　　　　 政府と呼ばれた。

④ 　　　　 が出され、小学校や師範学校、帝国大学などの学校制度が整った。

答え　①内閣　②大日本帝国憲法　③藩閥　④学校令

45 帝国議会と条約改正で何を目指したの？

流れを大づかみ！

帝国議会が開かれ、民党（野党）が議席の大半を占める！ ▶ 軍事予算をめぐり、藩閥政府と民党側がバトル！ ▶ 不平等条約をめぐる条約改正の交渉が成立！

① 帝国議会はどのように開催されたの？

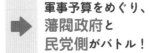

[初期の帝国議会]

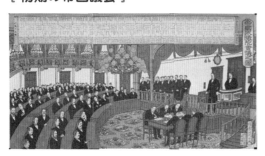

いよいよ国会の開始です。国会は**帝国議会**と呼ばれ、皇族や華族などから選ばれた議員からなる**貴族院**と、国民から選挙によって選ばれた議員からなる**衆議院**の二院制が採用されました。

憲法発布の翌1890年、**第1回衆議院議員総選挙**が行われ、直接国税（地租と所得税）を15円以上納める満25歳以上の男子に選挙権が認められました。議員定数は300名で、選挙権を持つ人々は、25歳以上の男性のわずか4％、当時の人口の約1.1％にすぎませんでした。

選挙の結果、自由民権運動の流れをくむ立憲自由党や立憲改進党などの**民党**の議員が過半数を占めました。当時は、天皇が任命した内閣の大臣のほとんどが薩摩藩や長州藩出身者で占められる**藩閥政府**だったため、今のように議会で多数を占める政党による内閣ではありませんでした。

② 藩閥政府と民党の対立はどうだったの？

議会がはじまったころ、軍備拡張（軍拡）を主張する藩閥政府に対し、**立憲自由党**や**立憲改進党**など自由民権運動から生まれた民党は、軍拡は増税につながるとして政府の**軍事予算**に反対しました。この対立は激しく、政府は議会をうまく運営できませんでした。そのため、政府は一部の民党側議員に密かに金品を与えて政府案に賛成するようにし、予算が成立しました。しかし、そのような手段は何度もできるものではありません。その後政府は何度も衆議院を解散し、選挙に干渉して民党側が当選しないよう妨害しましたが、常に民党側が勝利して議会で多数を占めました。こうしたことを繰り返したため、政府は衆議院の運営上、民党を無視できなくなっていったのでした。

ひとことポイント！　帝国議会開設にあたり初めて行われた選挙

1890年7月、300名の定数を争う第1回衆議院議員総選挙が行われました。この最初の総選挙で、板垣退助が結成した自由党の流れをくむ立憲自由党から130人、大隈重信が結成した立憲改進党から41人が当選し、過半数の議席を、政府のことを支持しない野党である民党が占めました。当選した国会議員の出身職業を見ると、最も多かったのが地主や農業経営者で、144人が当選しています。

次いで役人・弁護士と続きました。商工業者や銀行員、会社員のほかに新聞や雑誌の記者もいました。

[衆議院議員総選挙の風刺画]

③ どうやって条約改正を実現したの？

明治政府ができたころ、幕末に日本が欧米諸国と結んだ条約は不平等なので改めるべきだ、との意見が出て、欧米と対等な地位を得るための条約改正の交渉がはじまりました。

最初、アメリカが交渉に応じてくれましたが、日本が憲法など近代国家としての形を整えていないことを理由に反対する国もあり、改正

[鹿鳴館で行われていた舞踏会の様子]

は実現しませんでした。その後は西洋風の法律や建築物をつくり、鹿鳴館という洋風建築物で舞踏会を開くなどの欧化政策をとりながら、外国人が国内に住むことを許したり、裁判官に外国人を任じたりすることを条件に交渉を進めたものの、うまくいきませんでした。

しかし、日本が憲法をつくり議会を開くようになると、ロシアの東アジア進出をおさえようとしたイギリスが交渉に応じるようになり、陸奥宗光外務大臣によって領事裁判権の廃止が実現しました。さらに、日露戦争の勝利後、小村寿太郎外務大臣によって関税自主権も完全に回復することに成功し、明治時代の末に条約改正が完成しました。

コレだけはおさえておこう！

① 1890年、第1回 [　　　] 議員総選挙が行われた。

② 帝国議会では、当初 [　　　] 予算をめぐり政府と民党が激しく対立した。

③ 欧化政策のもと、洋風建築物の [　　　] がつくられ舞踏会が開かれた。

④ 日露戦争後、[　　　] 外務大臣によって関税自主権が完全に回復した。

答え　①衆議院　②軍事　③鹿鳴館　④小村寿太郎

近代国家のあゆみと国際社会

PART 4

46 日清・日露戦争は何を争ったの？

流れを大づかみ！

朝鮮半島の支配をめぐり**日清戦争**が起こり、日本が勝利！ ➡ 三国干渉ののち、**日英同盟**を結び**日露戦争**でも勝利！ ➡ 日露戦争後、日本は**韓国**を併合して植民地化する！

① 日清戦争はどうして起こったの？

　19世紀後半、イギリスをはじめとする欧米諸国では産業が急速に発展したことで、植民地を求めて侵略を進め、互いに対立するようになりました。

　清（中国）は、イギリスとの二度にわたる戦争に敗れたことで欧米に侵略されるようになりました。朝鮮でも、欧米に対する警戒感が強まり、東学という民間宗教を信仰する団体を中心とした農民たちが、1894年に日本や欧米諸国の排除を求め反乱を起こす**甲午農民戦争**が起こりました。朝鮮政府が清に援軍を求めると、清と条約を結んでいた日本も朝鮮に出兵して対立し、朝鮮半島の支配をめぐる**日清戦争**が起こりました。

　戦争は近代的な装備を整えていた日本が勝利し、翌1895年に**下関条約**が結ばれ、清は朝鮮の独立を認め、日本に**遼東半島・台湾**などを譲り、多額の賠償金を支払うことを決めました。この後、朝鮮王朝は大韓帝国（韓国）と改称し独立を宣言しました。

② 日露戦争は何を争ったの？

[日露戦争での動き]

　日清戦争で清が負けたことで、欧米列強は清に対し領土を譲るよう求め、列強の租借地が次々とできました。そうしたなか、戦争に勝利した日本を警戒したロシアが、ドイツ・フランスと結び日本が得た遼東半島を清に返還するよう迫る**三国干渉**を行ってきました。日本はこの要求を受け入れますが、国民の間にはロシアに対する不満が高まりました。

　清では列強の進出が進んだため、その勢力を退けようという民衆の排外運動である**義和団事件**が起こりましたが、日本を含む列強がこれを鎮圧しました。この時ロシアが中国東北部の**満州**地方に

| 3 | 4 | 5 | 6 | 7 | 8 | 9 | 10 | 11 | 12 | 13 | 14 | 15 | 16 | 17 | 18 | 19 | ▼いまココ！ 20 | 21 |

古墳　飛鳥　奈良　平安　鎌倉　室町　戦国　江戸　明治　昭和　平成
南北朝　安土桃山　大正　令和

日本が植民地で進めた統治

ひとことポイント！

日本は、日清・日露戦争を通じて植民地を獲得しました。下関条約で得た台湾には、台湾総督府が置かれ、日本の武力による統治がはじまりますが、台湾住民は強く抵抗しました。そのため、その後武力による統治を改め、台湾に合った政策を実施する方針に転換しました。

一方、ポーツマス条約で得た朝鮮でも、武力で民衆の抵抗をおさえる植民地支配を推し進め、学校では朝鮮語や朝鮮の歴史を教える

ことを制限し、日本語や日本史を教えました。

[韓国併合後の地図]

軍を駐留させ続けたため、日本との対立が深まりました。そこで日本は同じくロシアを警戒するイギリスとの間で**日英同盟**を結び、1904年に**日露戦争**がはじまりました。

　日清戦争と比べ非常に大規模な戦争になりましたが、戦争は日本に優位に進みました。しかし、日露両国とも戦争継続が困難な状況になり、翌1905年にアメリカの仲介で**ポーツマス条約**が結ばれました。この条約で、韓国における日本の優越権が認められましたが、賠償金がなかったため、民衆は不満を爆発させ、日比谷焼き打ち事件が起こりました。

③日本は韓国をどのように併合したの？

　日露戦争後、日本は韓国の外交権を握って統監府を置いて保護国としたり、内政権を奪って韓国軍隊も解散させたりしました。そのため、韓国で日本に対する激しい抵抗運動が起こり、初代統監の伊藤博文が暗殺される事件も起こりました。

　そして、1910年には日本は軍隊の力を背景に**韓国併合**を行いました。韓国は朝鮮と改められ、統監府に代わった**朝鮮総督府**が支配する植民地となったのです。

PART 4
近代国家のあゆみと国際社会

コレだけはおさえておこう！

① 日清戦争後の下関条約で、清は日本に遼東半島や [　　　　] を譲った。

② 日清戦争後の [　　　　] で、日本は清に遼東半島を返還した。

③ 日露戦争後、アメリカの仲介で [　　　　] 条約が結ばれた。

④ 韓国併合後、統監府に代わった [　　　　] が朝鮮統治を行った。

答え　①台湾　②三国干渉　③ポーツマス　④朝鮮総督府

PART 4 ▶ 近代国家のあゆみと国際社会

47 日本の産業は どのように発展したの？

> 生糸をつくる製糸業と、綿糸をつくる紡績業が盛んに！ ➡ 八幡製鉄所ができ、多くの鉄道が開業し重工業も発達！ ➡ 一部の実業家が産業・経済界を支配し、財閥となる！

① 軽工業はどのように発展したの？

[綿糸生産と貿易の変化]

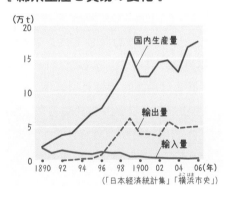

（「日本経済統計集」「横浜市史」）

明治時代に日本が外国との貿易を拡大させていくと、日本の経済が急速に発展しました。欧米諸国の進んだ技術を取り入れ、機械化して、良い品を安く、大量生産できる体制が整ったのです。これが産業革命です。日本では、まず繊維産業に代表される軽工業で著しい成長が見られ、次いで鉄鋼業に代表される重工業で産業革命が進んでいきました。

明治時代、特に成長した軽工業は、海外からの洋式機械を導入した工場で大規模生産が行われ、日本の工業化の中心となりました。綿をつむいで綿糸をつくる紡績業では、民間で大阪紡績会社などの大規模な紡績工場がつくられ、インドや中国産の綿花を欧米製の機械でつむぎ、生産性を上げていきました。当時、綿糸は輸入に頼っていましたが、やがて国内での綿糸生産量が輸入量を上回り、その後さらに綿糸輸出量が輸入量をも上回るなど、成長を遂げていきました。

一方、蚕を飼育して繭から生糸をつくる製糸業では、幕末の貿易開始以来、生糸が輸出品の第一位となり、長野県や群馬県を中心に生産が進みました。やがて機械による生産が従来の手工業の生産高を上回り、日露戦争後には生糸輸出量が清を抜いて世界最大になりました。

② 重工業はどのように発展したの？

一方、重工業においても、日清戦争後には産業革命が進みました。日清戦争で得た賠償金をもとに、福岡県に設立された官営の八幡製鉄所が、中国の鉄鉱石や九州の筑豊炭田から原料を調達して、近代産業の基礎となる鉄鋼を生産しはじめました。初めは生産量が低

| 3 | 4 | 5 | 6 | 7 | 8 | 9 | 10 | 11 | 12 | 13 | 14 | 15 | 16 | 17 | 18 | 19 | ▼いまココ！ 20 | 21 |

古墳　飛鳥　奈良　平安　鎌倉　室町　戦国　江戸　明治　昭和　平成
南北朝　　安土桃山　　　　　　大正　　令和

ひとことポイント！ 八幡製鉄所で採用された当時最先端の技術

官営の八幡製鉄所は、現在の福岡県北九州市にありました。九州最大の筑豊炭田の石炭のほか、中国・大冶鉄山の鉄鉱石や、のちには中国・満州地域の石炭も原料として使われました。当時最先端のドイツの技術を導入して建設され、日本の重工業の発展を支えました。八幡製鉄所の生産を支えた原料の石炭は、産業革命以後、蒸気機関の燃料として利用され、各国の近代化を支える重要な資源となりました。しかし、石炭の採掘には困難が伴う

ことも多く、重労働でした。

[八幡製鉄所の位置]

い状況が続いたものの、やがて軌道に乗り生産量が増えました。

重工業が発達すると、それまで輸入に頼っていた戦艦や機関車などを国内で生産できるようになり、交通や通信網もさらに発達しました。産業の発展は鉄道や船など、交通機関の発達に支えられていました。特に鉄道業では、日清戦争後に多くの鉄道が開通し、青森から下関までが鉄道でつながりました。さらに、日露戦争後になると軍事上の目的などから主要な鉄道が国有化されました。

③ 経済発展と財閥の形成はどうだったの？

こうした産業発達のなか、力をつけてきたのが実業家です。江戸時代以来の三井・住友や、三菱・安田などは銀行などの金融や海運などの運輸、貿易や鉱山に至るまで、さまざまな分野の企業を経営し、産業・経済界を支配するようになっていきました。

このような実業家は財閥と呼ばれ、政府が売り渡していた官営企業（国営企業）を引き受けて政府と強く結びつきながら発展していったのです。

コレだけはおさえておこう！

① 日本の産業革命は、欧米諸国の進んだ技術を取り入れ、[　　　　]時代にはじまった。

② 明治時代、綿糸をつくる[　　　　]と生糸をつくる製糸業が成長した。

③ 日清戦争で得た賠償金をもとに、福岡県に官営の[　　　　]が設立された。

④ 三井や住友、三菱はさまざまな分野の企業を経営し[　　　　]と呼ばれた。

答え　①明治　②紡績業　③八幡製鉄所　④財閥

PART 4 近代国家のあゆみと国際社会

101

48 明治時代に発生した社会運動って？

流れを大づかみ！

労働者の
労働環境をめぐり、
問題が生まれる！

➡

足尾銅山の
鉱毒問題が起こり、
問題視されるように！

➡

資本主義が
めばえる一方、
地主と農民の
格差が生まれる！

① 社会問題はどうして起こったの？

　日本の主要産業となった綿糸紡績業や生糸製糸業を支えたのは、出稼ぎの若い**女子労働者**です。**工女**と呼ばれた彼女らは、安い賃金で長時間働かされ、紡績業で昼夜2交代制の12時間、製糸業は1日14時間も働く場合がありました。

　こうした生産体制のおかげで外国製品との価格競争に勝つことができましたが、一方で不衛生な寮の生活環境や徹夜労働のため、肺結核などの病気にかかり死亡する者も出てきてしまいました。また、児童を工場で働かせているケースもあり、**労働環境**をめぐり深刻な**社会問題**が発生しました。

　このため、知識人たちは欧米での取り組みを参考にしながら、こうした社会問題に取り組みはじめ、一部の労働者たちは**労働組合**をつくったのです。政府は**治安警察法**を公布し労働運動の取り締まりをはじめる一方、労働者を保護するための法律として**工場法**を公布し、不完全ながら労働条件の改善への取り組みも図りました。

[製糸工場で
働く工女の
1日]

② 環境問題はどうして起こったの？

　産業革命の進展で、社会問題だけではなく環境汚染も生まれました。当時、日本の有力な輸出産業であった銅産業では、銅を精錬していく過程で出た有毒な廃棄物が大気を汚染し、山林を枯らしました。また、川に流れ込んだ廃液によって農作物が汚染されました。なかでも問題視されたのが栃木県にある**足尾銅山**でした。この問題に真正面から取り組んだ人物が、衆議院議員の**田中正造**です。

　田中は、足尾銅山とその下流で起きていた鉱毒問題を帝国議会で取り上げ、農民たちとともに政府に対し銅山の操業停止などの請願を繰り返します。ついに、田中自身が議

[足尾銅山の鉱毒の
被害地域]

▼いまココ！

古墳　飛鳥　奈良　平安　鎌倉　室町　戦国　江戸　明治　昭和　平成

南北朝　安土桃山　大正　令和

ひとことポイント！

足尾銅山の鉱毒問題で命をかけて行動した男

栃木県出身の田中正造は、若いころより自由民権運動に参加し、県会議員・県会議長を経て第1回衆議院議員選挙で当選します。それ以来、立憲改進党や進歩党などの政党に所属し、6回連続で衆議院議員に当選していましたが、国会議員になった直後から、足尾銅山の鉱毒問題に強い関心を示すようになりました。鉱毒問題について、政府にたびたび質問書を提出し、一貫してこの問題を取り上げ

て政府の責任を激しく追及していました。最後は議員を辞職して天皇への直訴を試み、社会に衝撃を与えました。

[田中正造]

員を辞職し、天皇に直訴まで行おうとしました。しかし、この問題は銅山流域の川の洪水を防止するための工事を行ったのみで、根本的な解決策は取られずに終わりました。

③ 当時の労働者や農民はどうだったの？

資本家が工場などを私有し、労働者を雇って生産活動を行う経済のしくみのことを**資本主義**と呼びます。欧米で18世紀後半に産業革命の達成で確立していた資本主義は、明治時代に入り日本でもめばえました。

資本主義が発展したことで、日本では全体的に人々の生活が次第に豊かになっていきました。それでも、狭い土地しか持っていない**農民**や、土地を持っていない**小作人**の生活は苦しく、子どもを工場に出したり副業を営んだりするなどして生活をしていました。その一方で、生活が苦しい農民が土地を売ってしまうと、それを買い集める**地主**が現れ、経済力をつけて企業をおこしたり株式に投資したりして資本主義との結びつきを強めていったのです。

PART 4

近代国家のあゆみと国際社会

コレだけはおさえておこう！

① 紡績業や製糸業を支えた女子労働者は、□□□□□と呼ばれた。

② 政府は、労働者を保護する法律として□□□□□を公布した。

③ 足尾銅山の鉱毒問題を取り上げたのは、国会議員の□□□□□であった。

④ 日本の□□□□□主義は、産業革命が進んだ明治時代にめばえた。

49 社会運動と明治の文化にはどんな特徴があるの？

流れを大づかみ！

| 労働運動が起こるようになったが、政府は厳しく弾圧！ | ➡ | 社会運動の高まりから、言文一致体の新しい文学がおこる | ➡ | 学校教育が普及し、小学校の就学率が上がる！ |

① 社会運動はどのようにして起こったの？

　資本主義が発展したことで、格差が拡大し、貧困や差別をはじめとするさまざまな社会問題が起こるようになりました。日清戦争後、軍の工場や鉄道会社、紡績工場などではストライキ（罷業、仕事をしないこと）が発生するようになりました。そこで政府は、そうした労働運動を取り締まるための法律をつくって対策を取りました。しかし、日露戦争後には再び労働運動が増えました。

　社会主義者の**幸徳秋水**らは、日本最初の社会主義政党である**社会民主党**を結成しましたが、政府は厳しく社会主義運動を弾圧しました。それでも、幸徳や堺利彦らは日露戦争反対や社会主義実現を掲げ活動をしていました。しかし、天皇の暗殺を企てたとして、幸徳をはじめ社会主義者が12名も処刑される**大逆事件**が起き、それ以降一段と取り締まりが厳しくなっていったのでした。

② 新しい芸術や文化の特徴は？

　社会運動が高まると、貧困や抑圧からの解放を求める新しい思想や運動が起こりました。それは、そのまま新しい流行となって、新しい文学や芸術を生み出しました。

　文学では、これまでの古い価値にとらわれず、人間のありのままの姿に迫ろうとする文学観がおこりました。これはこれまでにない近代的な文学観であり、坪内逍遙が提唱し、二葉亭四迷が話し言葉で文学を表現する**言文一致体**を確立しました。こうした流れから登場したのが**夏目漱石**や**森鷗外**です。二人とも、人間の心理に深く立ち入った作品を残しました。俳句では正岡子規が現れ、物事を見たままに表現し、俳句と短歌の近代化に努めました。

　美術においては、日本画の**横山大観**が『生々流転』、西洋画の**黒田清輝**が『湖畔』、彫刻の荻原守衛は『女』を残すなど活躍しました。

ひとことポイント！ 文章も話し言葉で表す言文一致体

　江戸時代まで、浮世草子や読本など小説の文章の言葉遣いは文語体で書かれており、今古典の文体でした。森鷗外の『舞姫』や樋口一葉の『たけくらべ』などが文語体で書かれた小説です。

　一方、文章の言葉遣いも話し言葉である口語体にしようという運動が広まっていきました。それが言文一致体です。『吾輩は猫である』の夏目漱石は口語体の作品を残していますが、森鷗外にも口語体の作品があります。

こうして、口語表現は文語表現に取って代わっていきました。

[森鷗外]

③ 教育はどのように普及したの？

　明治時代に入ると、近代文化が受け入れられるようになりましたが、その背景には、学校教育の普及がありました。初めは通学しても途中で学校を辞めてしまう生徒が少なくありませんでした。

　しかし、世の中の変化により、就職には教育が必要であることがわかったことから、各家庭の家計が豊かになると、小学校就学率が向上していきました。日露戦争後には、小学校の就学率が男女とも90％を超えるようになりました。そのころ

[就学率の変化]

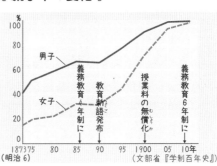

（文部省『学制百年史』）

になると、小学校における義務教育の期間が4年から6年に延び、教科書も国が作成する国定教科書となりました。すると、子どもたちのほとんどが全国で同じ教科書を学ぶ社会が生まれました。それに、新聞や雑誌、書物などが次々と刊行され、庶民はそれらを通じて知識を広げたり、生活を改善したりするようになりました。

コレだけはおさえておこう！

① 幸徳秋水らは、日本で最初の社会主義政党である [　　　] を結成した。

② [　　　] 事件では、天皇暗殺を企てたとして社会主義者12名が処刑された。

③ 話し言葉で文学を表現する [　　　] は、二葉亭四迷が確立した。

④ 日露戦争後、日本の教科書は国が作成する [　　　] 教科書となった。

PART 4 近代国家のあゆみと国際社会

50 第一次世界大戦に日本はどう関係したの？

流れを大づかみ！

20世紀初め、ヨーロッパで三国同盟と三国協商が対立！

➡ サラエボ事件をきっかけに、第一次世界大戦が起こる！

➡ 日本も第一次世界大戦に参戦し、中国に要求を行う！

① ヨーロッパでどのような対立があったの？

19世紀末より、欧米諸国は強い国が弱い国や地域を支配する帝国主義政策を進めており、アフリカやアジアへ盛んに進出するようになりました。そのため、国どうしの対立が激しくなり、ドイツ・オーストリア・イタリアは**三国同盟**を、イギリス・フランス・ロシアは**三国協商**を結んで、20世紀初めには、互いに対立を深めていました。

そのころ、オスマン帝国に支配されていたバルカン半島では、諸民族が独立運動を起こし、ドイツ・オーストリア・ロシアはこの運動を利用して勢力を拡大させようとして緊張が高まっていました。そのため、バルカン半島は「**ヨーロッパの火薬庫**」と呼ばれていたのです。

[第一次世界大戦における国際関係]

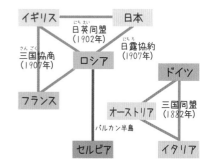

② 第一次世界大戦はどうして起こったの？

[第一次世界大戦中のヨーロッパ]

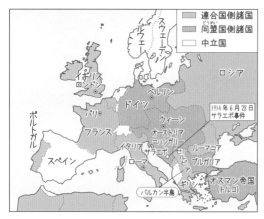

1914年、バルカン半島でオーストリア皇太子夫妻がセルビア人青年に暗殺される**サラエボ事件**が起こり、これをきっかけにオーストリア・ドイツの同盟国とイギリス・フランス・ロシアの連合国との間でついに戦争がはじまりました。これが**第一次世界大戦**です。日本は日英同盟を理由にドイツに宣戦し、中国や太平洋上にあるドイツの領地を占領しました。その後、アメリカもドイツに宣戦布告し、世界の主要な国

大きく変わっていく戦争

ひとことポイント！

　第一次世界大戦では、近代の工業技術を利用した新兵器が登場し、それまでの戦争と比べ様子が大きく変わりました。潜水艦や航空機、戦車などが新兵器としてこの大戦で初めて登場したのです。毒ガスも使われました。

　このため、これまでの戦争と比べ犠牲者の数がはるかに多くなりました。大戦は4年ほど続きましたが、戦死者は歴史上前例のない900万人にのぼりました。戦死者数は、敗戦国となったドイツが約177万人以上と最多で、ロシアが約170万人、フランスが約136万人でした。

どうしが戦う大規模な戦争になったのです。

　戦争は長期戦となり、ヨーロッパ諸国や植民地は戦争に必要な兵士や大量の物資を提供しなければならなくなり、一般の人々も戦争優先で働かされました。第一次世界大戦は国民すべてが戦争に取り組む**総力戦**となりました。政府が戦争のために国民生活を統制したため、人々の日常生活にも戦争の影響が及びました。

③ 日本は大戦にどのようにかかわったの？

　大戦がはじまると、日本は、中国に租借地を持つヨーロッパ諸国が中国を顧みる余裕がなくなったすきをつきます。日本は、日英同盟を理由にドイツに宣戦布告して第一次世界大戦に参戦すると、ドイツが支配していた中国・山東半島の青島や、太平洋の南洋諸島を占領しました。

　そして、**中国の袁世凱政府**に対し、**二十一か条の要求**を示しました。その内容は、ドイツが山東半島に持っている一切の権利を日本に譲ることや、日本が持っていた旅順・大連の租借期限を99カ年延長することなどでした。中国政府はこの要求に反発したものの、日本側は軍事力を背景に迫り、要求の大部分を認めさせたのです。その結果、中国では日本への反感が強まり、民衆による排日運動が起こりました。ヨーロッパ諸国も、このような日本の行動に警戒心を強めるようになりました。

PART 5

二度の世界大戦と日本

✏ コレだけはおさえておこう！

① ドイツ・オーストリア・イタリアは三国 [　　　　] を結んだ。

② 各国が勢力を伸ばそうとしていたバルカン半島は、「[　　　　]」と呼ばれた。

③ 第一次世界大戦は、国民すべてが戦争に取り組む [　　　　] 戦となった。

④ 日本は袁世凱政府に対し、[　　　　] の要求を示してその大部分を認めさせた。

答え ①同盟　②ヨーロッパの火薬庫　③総力　④二十一か条

PART 5 ▶ 二度の世界大戦と日本

51 ロシア革命って どんな影響があったの？

流れを大づかみ！

| ロシア革命が起こり、世界初の社会主義政権が生まれる！ | → | 資本主義諸国は、ロシア革命に対しシベリア出兵を実施！ | → | ソ連ができ、世界各地の労働運動や民族運動に影響を与える！ |

① ロシア革命はなぜ起こったの？

[革命のデモの様子]

　第一次世界大戦が長期化すると、参戦国の一つであったロシアでは食料や物資の不足が深刻な問題になってきました。長引く戦争で生活が苦しくなってきたのです。しかしロシア皇帝は戦争の継続を主張していました。そのため、ロシア国民のなかから戦争を終わらせ、皇帝を倒そうとする動きが出てきました。1917年、首都ペトログラードで発生した食糧暴動をきっかけに、ロシア革命が起こりました。皇帝は退位して臨時政府が成立し、レーニンを指導者としてソビエト政府が誕生しました。ソビエトとは労働者や兵士の代表者会議という意味です。この革命によって、世界で初めての社会主義による政府ができたのです。

　ソビエト政府は、鉄道や工場などの重要産業を国有化し、地主の持っていた土地を没収して農民に分け与えるなどの社会主義にもとづく国家建設を進め、首都をモスクワにしました。その一方で、全交戦国に戦争をやめるように呼びかけ、ドイツやオーストリアと単独講和を行って第一次世界大戦から離脱したのです。

② ロシア革命に対する諸外国の対応は？

[シベリア出兵を伝える日本の画報]

　ソビエト政府ができると、ロシア国内でそれに対する反乱が各地で起こり、内戦が起こりました。そして、社会主義の広がりで自国でも同じような革命が発生することを恐れた資本主義国のイギリスやフランスは、ロシアに軍隊を送ってソビエト政府を倒そうとしたのです。すると、日本もアメリカなどと一緒にシベリアに出兵し、こうした動きに同調しました。これがシベリア出兵です。

　これに対し、レーニンは経済を統制しながら内戦に対

貧富の差をなくそうとする共産主義の考え

ソ連は、労働者を中心とする平等な社会を目指そうとする社会主義体制の国家として成立しました。この社会主義をさらに進めて、工場などの私有財産を持つ資本家や、労働者という階級もなくし、あらゆる面において平

等にしようとする考え方が共産主義です。「共有財産」を目指すことから共産主義と呼ばれたこの考え方は、私的な財産を認めず、すべてのものを共有にしていくことで、貧富の差のない社会を目指そうとするものでした。ドイツのマルクスとエンゲルスによって唱えられました。

応し、労働者と農民を中心にした軍隊を組織して、外国からの干渉にも立ち向かい革命に反対する勢力を退けました。その後、1922年にソビエト社会主義共和国連邦（ソ連）が成立しました。

③社会主義はどのように広まったの？

ロシア皇帝が倒され、世界初の社会主義政権が誕生したことは、世界に衝撃を与えました。特に、資本主義に不満を持つ各国の労働者に、解放の希望を与えました。

[ロシア革命のころの領土]

ロシア革命を成功させたレーニンは、最終的には私有財産を制限して自由競争をなくし、国家が計画的にものを生産して、個人の必要に応じてそれを分配する共産主義を実現しようと考えました。そのため、ロシア革命を指導した政党は名前を共産党と改め、ソ連共産党を頂点とする国際的な組織をつくりました。ソ連以外では社会主義革命は実現しませんでしたが、ソ連が指導するこの国際的な運動は、世界各地の労働運動や民族運動に大きな影響を与えました。

レーニン没後に指導者となったスターリンは、ソ連1国での共産主義化を優先、五か年計画を開始して計画経済を実施していく一方、反対する人々を追放・処刑するなどして多くの犠牲者も出ました。

コレだけはおさえておこう！

① 1917年、[　　　　　]を指導者としてロシア革命が起こった。

② ロシアでは、世界で初めての社会主義政府である[　　　　　]政府が誕生した。

③ 資本主義諸国は、ロシア革命に対する干渉として[　　　　　]に出兵した。

④ スターリンは、共産主義化を目指した[　　　　　]計画を開始した。

PART 5

二度の世界大戦と日本

52 民族運動は なぜ起こったの？

流れを大づかみ！

大戦後、ベルサイユ条約が結ばれ、国際連盟ができる！ ➡ インド・朝鮮・中国で、帝国主義反対運動が起こる！ ➡ ワシントン会議が開かれ、軍備制限の条約が結ばれる！

① 第一次世界大戦はどのように終結したの？

第一次世界大戦は、1918年にドイツを中心とする同盟諸国が次々とイギリス・フランスなどの連合国側に降伏し、終結を迎えました。連合国側の勝利で終わった大戦ののち、パリで講和会議が開かれ、**ベルサイユ条約**が結ばれました。

敗戦国のドイツは会議への出席が認められず、すべての植民地を失い、巨額の賠償金も課せられました。この会議を主導したアメリカのウィルソン大統領は14カ条の平和原則を発表し、それぞれの民族のことはその民族の意思で自主的に決定できるという**民族自決**の原則を呼びかけました。そのウィルソン大統領の提案をもとにして、1920年には平和を守る世界初の国際機関として**国際連盟**が設立されることになり、日本は常任理事国の仲間入りをしました。しかし、提案したアメリカは、その後議会が反対したため参加せず、ソ連や敗戦国ドイツも当初加盟が認められなかったため、国際連盟は強い力を持つことができませんでした。

[ベルサイユ条約の調印]

② そのころ、アジアではどのような運動があったの？

講和会議で提唱された民族自決を受け、東ヨーロッパではハンガリーやチェコスロバキアなど、多くの独立国が生まれました。しかし、植民地における民族自決は認められませんでした。そのため、イギリスの植民地インドでは、**ガンディー**の指導によって非暴力・不服従の抵抗運動が起こり、自治を要求しました。

日本の植民地である朝鮮でも、1919年3月1日におこった独立運動が朝鮮全土に広がり、**三・一独立運動**と呼ばれています。日本政府は朝鮮を武力でおさえる政策を転換し、朝鮮の人々に一定の自由を認めていきました。

また、中国もパリ講和会議で二十一か条の要求の取り消しを求めたものの、列強によって退けられたために中国民衆の不満が高まり、1919年5月4日に北京で学生を中心とす

インド独立の象徴とされる ガンディー

インド生まれのガンディーは、イギリスのロンドンで法律を勉強して弁護士となります。南アフリカでインド人に対する人種差別を経験したことから、南アフリカでの差別撤廃の戦いを行い、インドへ帰国したのちはイギリスの植民地だったインドの独立を目指し、イギリスへの抵抗運動をはじめました。非暴力・不服従の無抵抗主義を唱え、イギリスからの弾圧や投獄を経験しても屈せず、

1947年にガンディーの活動が実りインドは独立を勝ち取りました。

[ガンディー]

る抗議行動が起こり、**五・四運動**と呼ばれました。

③ ワシントン会議は何を決めたの？

　第一次世界大戦後、アメリカは国力の弱まったヨーロッパ諸国に代わり、圧倒的な経済力を持つ世界最大の国に成長し、アメリカが世界の政治と経済をリードするようになりました。

　そのアメリカは、第一次世界大戦で戦勝国の仲間入りをした日本が、国際連盟に加盟して国際的な発言力を増して、大国として認められるようになったのを警戒するようになりました。そこで、海軍の軍備縮小を進め、アジア・太平洋地域における日本の勢力拡大をおさえようとして、1921年に**ワシントン会議**を開きました。この会議で、主要国は戦艦などの主力艦の保有制限に合意するとともに、中国の主権を尊重することなどを取り決め、日英同盟は解消されました。これは、日本とイギリス・アメリカの協調と軍縮を目指すものでした。

PART 5

二度の世界大戦と日本

✏️ コレだけはおさえておこう！

① 第一次世界大戦の結果、パリ講和会議で ［　　　　］ 条約が結ばれた。

② 1920年、平和を守る世界初の国際機関として ［　　　　］ が設立された。

③ 朝鮮では ［　　　　］ 運動が、中国では五・四運動が起こった。

④ 1921年には、海軍の軍備縮小を進める ［　　　　］ 会議が開かれた。

答え　①ベルサイユ　②国際連盟　③三・一独立　④ワシントン

53 大正デモクラシーってどういうこと?

流れを大づかみ!

護憲運動で内閣が交代し、デモクラシーが広がる! ➡ シベリア出兵・米騒動ののち、本格的な政党内閣が誕生! ➡ 再び護憲運動が起こり、政党内閣が普通選挙法をつくる!

① 大正デモクラシーはどのようにして広がったの?

[吉野作造]

日露戦争後の日本では、薩長などの藩閥や官僚・軍部に支持された桂太郎と、伊藤博文が結成した立憲政友会を受け継いだ西園寺公望が交互に政権を担当する桂園時代が続いていました。そうしたなか、1912年に陸軍が軍備増強の要求を通すため内閣への協力をやめたことで西園寺内閣が倒れ、藩閥・官僚が支持する内閣が成立しました。すると、立憲政友会と立憲国民党を支持する民衆が藩閥内閣打倒を掲げた運動を起こしました。これを**護憲運動**と呼びます。護憲運動によって内閣は総辞職し、民衆の運動によって初めて内閣が交代しました。

これ以降、民衆の意思を政治に反映させる動きが強まり、その後政治学者の**吉野作造**が天皇主権の憲法のもとで政党内閣と参政権の拡大を主張する**民本主義**を唱えました。"民衆本位の政治"をするべきだと説いたのです。憲法学者の美濃部達吉も政党内閣を支持する憲法論を展開しました。それ以降、大正時代を通じての民主主義を求める動きを**大正デモクラシー**と呼びます。

② 本格的な政党内閣って?

[原敬]

第一次世界大戦中、日本ではアメリカ向けの生糸の輸出が伸び、戦争のためヨーロッパからの輸入が途絶えたアジアへも日本の商品の輸出が伸び、海運業・造船業がめざましく成長し、かつてない好景気を迎えました。これを**大戦景気**と呼びます。この好景気で、労働者の人口が増え、また、物価が上昇していきました。

この好景気中にロシア革命が起こり、そのためのシベリア出兵を見こして米の買い占めが行われたことで、米の値段が上がりました。すると、富山県の女性たちが米の安売りを求めた運動をきっかけに、全国でこうした動きが広がり、軍隊が出て鎮圧するほどの激しい事態となりました。これが

普通選挙のはじまりと日本での成立

ひとことポイント！

　普通選挙制度とは、社会的身分や財産の有無、性別などによる条件をつけずにすべての成年者に等しく選挙権を与える制度です。

　普通選挙制を最も早く導入したのはフランスで、1848年に男子普通選挙が成立しています。このころの日本はまだ江戸時代でした。もっとも、このころの普通選挙制度は、一般には成年男子に限ることが多く、女性の普通選挙は欧米では第一次世界大戦後以降に実現します。日本で男女ともに普通選挙制度に

なったのは第二次世界大戦後の1945年のことでした。

[有権者数の移り変わり]

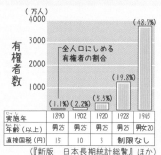

全人口にしめる有権者の割合

実施年	1890	1902	1920	1928	1945
年齢（以上）	男25	男25	男25	男25	男女20
直接国税（円）	15	10	3	制限なし	

（『新版　日本長期統計総覧』ほか）

　米騒動です。この騒動の責任を取って当時の内閣が総辞職したのち、1918年に立憲政友会の総裁である原敬が首相となり、軍部大臣・外務大臣以外の大臣がすべて立憲政友会の政党員という、初めての本格的な政党内閣が誕生しました。原内閣は、選挙権の条件を、直接国税３円以上を納める男子に改め、参政権を拡大しました。

③ 普通選挙運動が目指したものは？

　第一次世界大戦後、欧米ではデモクラシーの風潮が高まり、民衆の政治参加が進みました。日本でも普通選挙を求める運動が各地で展開され、政党を無視した内閣が登場したため、1924年に再び護憲運動が起こりました。

　その結果、憲政会総裁の加藤高明を首相とする政党内閣が成立し、1925年には満25歳以上の男子すべてに選挙権を与える普通選挙法が成立したのです。同時に、共産主義運動をおさえる治安維持法も制定されました。この後、憲政会（のち立憲民政党）と立憲政友会の総裁が交互で内閣を組織する政党内閣の時代が続くことになります。

PART
5

二度の世界大戦と日本

コレだけはおさえておこう！

① 政党と民衆による 　　　　　 運動によって、初めて内閣が交代した。

② 政治学者の吉野作造は、 　　　　　 主義を唱えた。

③ 　　　　　 内閣は、初の本格的な政党内閣として成立した。

④ 1925年、25歳以上の男子すべてに選挙権を与える 　　　　　 が成立した。

PART 5 ▶ 二度の世界大戦と日本

世紀　B.C ｜A.D.1｜ 2 ｜
縄文 ／ 弥生

⑤④ どんな社会運動が起こったの？

流れを大づかみ！

大正デモクラシーの動きで、**労働運動が高まる！**

➡ 女性運動をはじめ、さまざまな**解放運動が起こる！**

➡ 社会運動を取り締まるため、**治安維持法ができる！**

① 労働者や農民はなぜ立ち上がったの？

　護憲運動で内閣が交代し、大正デモクラシーの風潮が高まったころは、さまざまな立場の人々が新しい社会をつくろうとして民衆運動を展開しました。そうした運動の背景には、明治時代末より教育が普及し、雑誌や新聞を通じて社会の動きや新しい思想や考え方に関心を持つ人が多くなったことが挙げられます。

　第一次世界大戦中から、賃金の引き上げを求める労働者による**労働争議**が頻繁に起こり、**労働組合**も

[第1回メーデー]

相次いでつくられ、1920年には日本で最初のメーデー（労働者の集会）が開かれました。1921年には全国規模の日本労働総同盟がつくられました。農村でも、地主に対して小作人が小作料の減額などを求める**小作争議**が急増し、1922年には日本農民組合がつくられました。

　第一次世界大戦で空前の好景気だった日本でしたが、その後ヨーロッパの産業が復興して日本の輸出が減少したため、不況に陥りました。そのため、労働者や農民の生活が苦しくなったことで、労働運動や農民運動はますます激しくなっていったのでした。

② 平等や尊厳を求めた運動って？

　第一次世界大戦後には、さまざまな差別からの解放を求めた解放運動も広がっていきました。1920年には、**平塚らいてう**が市川房枝らと**新婦人協会**を設立し、女性の政治活動の自由を求めました。1922年には、被差別部落の人々が、人間としての平等を求めて**全国水平社**を結成しました。民族差別に苦しむ人々も立ち上がり、在日本朝鮮労働総同盟や北海道アイヌ協会がつくられました。沖縄では、他府県と

[平塚らいてう]

ひとことポイント！ 差別と貧困からの解放を求めた全国水平社

被差別部落に住む人々への差別をなくすために設立された全国水平社は、米騒動や労働運動の発展、民族自決などの影響を受けて1922年に結成されました。京都で開かれた創立大会では、西光万吉が起草した水平社宣言が採択されました。宣言は、「人の世に熱あれ、人間に光あれ」という言葉で締めくくられており、日本最初の人権宣言ともいわれています。起草者の西光万吉は、被差別部落に住む人々自らが誇りを持ち解放運動に取り組むべきであると説きました。

同じような文化を身につけることが奨励されていましたが、一部の学者は沖縄独自の文化の価値に注目した発表をするようになりました。植民地の台湾では、台湾の人々が自分たちの自治を目指し、台湾議会の設置を求める運動を起こしました。

こうして、貧困や差別に苦しんでいた人々が一斉に抗議の声を上げていったのです。

③ 社会運動に政府はどう対応したの？

さまざまな社会運動が起こってきたなかで、1923年9月1日に関東地方を激しい地震が襲いました（関東大震災）。東京・横浜地方を中心に火災も発生し、死者・行方不明者は10万人以上にのぼりました。民衆の生活は混乱し、経済も大きな打撃を受けました。地震の混乱で、朝鮮人の殺害事件や軍人・警察官による社会主義運動家の殺害事件も起こりました。

政府は、民衆が起こす社会運動を警戒するようになり、特に国際的な提携のもとで天皇制と私有財産制を否定する革命を目指す共産主義の運動に対しては厳しい弾圧を行いました。その具体例が普通選挙法と同時に公布された治安維持法です。この法律は特に共産主義活動を取り締まるものでした。

PART **5**

二度の世界大戦と日本

コレだけはおさえておこう！

① 第一次世界大戦中、賃金の引き上げを求め労働者が [　　　] を起こした。

② 1920年、平塚らいてうは、市川房枝らとともに [　　　] を設立した。

③ 1923年、[　　　] が発生し死者・行方不明者は10万人以上にのぼった。

④ 1925年、共産主義運動を取り締まるために [　　　] が制定された。

答え　①労働争議（労働運動）　②新婦人協会　③関東大震災　④治安維持法

55 アメリカからはじまった恐慌で何が起こったの？

流れを大づかみ！

| 世界恐慌が起こり、欧米諸国はさまざまな対策を講じる！ | ▶ | イタリア・ドイツでファシズムが台頭してくる！ | ▶ | 震災恐慌・金融恐慌が起こり、深刻な不況が続く！ |

① 世界恐慌はどうして起こったの？

[アメリカの連合銀行に集まった群衆]

　1929年10月、アメリカのニューヨークで株価が大暴落し、これが引き金になり、第一次世界大戦後に世界の経済の中心として繁栄していたアメリカが一転して経済危機に陥り、多くの会社や銀行が倒産しました。その影響は各国にも広がり、**世界恐慌**を引き起こしたのです。

　世界恐慌によって各国では社会対立や不安が高まりました。アメリカではローズベルト大統領のもと**ニューディール政策**が実行され、大規模な公共事業をおこして失業者の救済を図り、イギリスとフランスは植民地などとの貿易を拡大する一方、他国の商品に対しては高い関税を課すなどの対策を行いました（**ブロック経済政策**）。一方、社会主義国のソ連は恐慌の影響をほとんど受けず、多くの人々に犠牲を強いながらも計画経済の体制を固めていきました。資本主義国が恐慌に苦しみ、ソ連が発展を続けたことで、特に欧米諸国ではこの恐慌で社会主義革命を目指す運動が激しくなりました。

② ファシズムの台頭って何？

[行進するムッソリーニ（左）とヒトラー（右）]

　世界恐慌で打撃を受けたドイツでは、**ヒトラー**が率いるナチスが、ベルサイユ条約の破棄を掲げて急成長しました。ナチスは、暴力を用いて国内の政治改革を進め、国民の自由を制限し、軍備を拡張して対外侵略を行おうとする一党独裁体制を敷きました。これが**ファシズム**です。同じころ、イタリアでも**ムッソリーニ**を中心として独裁体制を築いていきました。日本でも、一部の軍人や政治家にファシズムの影響が見られるようになりました。

3	4	5	6	7	8	9	10	11	12	13	14	15	16	17	18	19	20	21

▼いまココ！

古墳　飛鳥　奈良　平安　鎌倉　室町　戦国　江戸　明治　昭和　平成
南北朝　安土桃山　大正　令和

ナチス独裁者として知られるヒトラーの行動

画家を目指したが失敗し、のちに政治家となったヒトラーは、巧みな演説と宣伝活動を通じて民衆の熱狂的な支持を得ました。ヒトラーが率いるナチスは、ドイツ民族が世界で最も優れた民族であるとする一方、経済活動などに大きな力を持っていたユダヤ人を迫害しました。その後の第二次世界大戦中には、ドイツがユダヤ人を絶滅させる政策を取り、ポーランドのアウシュビッツなどの強制収容所で数百万人のユダヤ人を殺害しました。このほかにも、反社会的な人々や障がい者なども収容所で殺害しました。

これに対し、ファシズムが台頭してくるのを阻止し、民主主義を守ろうとする自由主義者や社会主義者が、選挙などで協力する動きを起こしました。フランスやスペインでは、ファシズム反対派が選挙で勝利するなどして、民主的な政府ができました。

③ 日本ではどのような恐慌が起こったの？

世界恐慌の影響は、日本にも及びました。第一次世界大戦後の日本では、関東大震災による打撃もあって不景気が続いていましたが、1927年には多くの銀行が休業や倒産する金融恐慌が起こり、さらに1930年には世界恐慌の影響で日本経済はかつてない深刻な不景気を迎えたのです。

恐慌の影響のため、都市では中小工場の倒産が相次ぎ、失業者があふれました。大学を出ても就職が難しくなりました。生産額や労働人口で大きな比率を占めていた農業でも影響が出ました。世界恐慌のためアメリカ向けの生糸が売れなくなり、繭の価格も暴落したのです。米価も下落していたため、農家の収入は激減し、生活がいっそう苦しくなりました。

特に、冷害に見舞われた東北地方では、借金のため「娘の身売り」や、弁当を持参できない「欠食児童」が社会問題となりました。民衆の間では、政党政治が苦しい民衆の生活を改善しないことに不満が高まりはじめていました。

コレだけはおさえておこう！

① 1929年、アメリカの株価暴落をきっかけに [　　　] が発生した。

② イギリスやフランスでは、不景気対策のため [　　　] 政策が取られた。

③ [　　　] が率いたナチスは、一党独裁体制のファシズムを進めた。

④ イタリアでは、[　　　] を中心に独裁体制が築かれた。

答え ①世界恐慌　②ブロック経済　③ヒトラー　④ムッソリーニ

PART 5 二度の世界大戦と日本

PART 5 ▶ 二度の世界大戦と日本

56 中国大陸で軍部がしたことって？

世紀　B.C ｜A.D.1｜ 2 ｜
縄文／弥生

流れを大づかみ！

中国の勢力争いに対し、日本は積極的な干渉を行う！ ➡ 関東軍によって満州事変が起こり、満州国ができる！ ➡ 五・一五事件、二・二六事件が続き、国際連盟脱退！

① 中国ではどんな動きが見られたの？

　20世紀前期の中国では、孫文らによって**辛亥革命**が起こって清王朝が滅亡し、中華民国が成立しました。しかしその後、各地にいた軍閥と呼ばれる軍事支配者が勢力争いをしており、不安定な状態が続いていました。孫文の死後、国民党の指導者となった蔣介石は、1927年に南京を首都として国民政府をつくり、国家統一を目指して北京方面に軍を進めていました。

　そこで日本政府は、現地の日本人保護を名目に山東省に出兵し、また、現地の日本軍である関東軍は満州に勢力を持つ軍閥指導者を列車ごと爆殺して、満州支配のきっかけにしようとしました。こうした動きを見て、中国の人々の間には排日気運が高まりました。一方、中国での土地所有権などの既得権益を持つ日本では、交渉ではなく武力をもって相手を屈服させることを主張する強硬論も出てきたのです。

[蔣介石]

② 満州事変はどのようにして起こったの？

　中国の統一を進める国民政府は、日本が満州に持つ利権の期限が、不当に延ばされていると批判していました。これに対し、日本の軍部や勢力拡大を目指す人々のなかには、中国東北部の満州を中国から切り離そうと主張する者も出てきました。そして1931年9月、関東軍は**南満州鉄道**の線路を爆破する事件（**柳条湖事件**）を起こし、これを中国側の仕業だとして出兵し、満州全土を占領する**満州事変**を起こしました。当時の政党内閣や天皇ははじめ戦争の拡大を避けようとしましたが、関東軍をおさえられず、また多くの国民も満州の権益は死守すべきであると信じ、関東軍の軍事行動を熱狂的に支持しました。

　さらに翌年、関東軍は清王朝最後の皇帝であった**溥儀**を迎えて**満州国**をつくりました。満州国は独立国の形式を取っていましたが、実質的には日本が支配権を握っていました。

満州事変から国際連盟脱退までの流れ

ひとこと
ポイント！

　満州事変が勃発すると、中国は日本の軍事行動が不当であるとして国際連盟に訴えました。そこで日本側でも連盟に提案し、イギリス人リットンを団長とする調査団が派遣されました。

　その後、調査報告書が発表され、日本軍の軍事行動は正当な自衛手段と認めることはできないとされました。そこで、国際連盟総会はそれ以上の軍事行動の不拡大と中国の領土保

全を決議し、日本軍の占領地からの引き揚げを勧告しました。このため、日本の代表は会議場から退場し、国際連盟から脱退しました。

[国際連盟の調査団]

③ そのころ、政党政治はどうなったの？

　満州事変の開始後に政党内閣をつくった犬養毅は、国際協調を守ろうとして満州国の承認を先延ばしにしました。すると、1932年に政党政治に不満を持つ海軍の将校らが犬養首相を官邸で殺害しました（五・一五事件）。このため、政党政治の時代は終わってしまったのです。

　そのころ中国は、満州事変や満州国建国の動きに抗議し、国際連盟に訴えました。そこで連盟は調査団を派遣し、満州国を不承認とし、日本に対し占領地から日本軍を引き揚げるよう勧告しました。これを不服とする日本は国際連盟を脱退したのです。さらに1936年には国家改造を目指す陸軍の青年将校らが、天皇が実権を行使する改革を要求し大臣などを次々と殺害する事件を起こしました（二・二六事件）。

[五・一五事件を報道する新聞]

PART
5

二度の世界大戦と日本

✏ コレだけはおさえておこう！

① 孫文の後の国民政府の指導者である 「　　　　」 は、中国統一を目指した。

② 関東軍は、南満州鉄道を爆破して中国の仕業とし、満州全土を占領する 「　　　　」 を起こした。

③ 「　　　　」 は、清王朝最後の皇帝である溥儀を迎え中国東北部に建国された。

④ 1932年、犬養毅首相が暗殺される 「　　　　」 が起こった。

57 日中戦争はどうしてはじまったの？

北京で
軍事衝突が起こり、
日中戦争が
発生する！

➡

アメリカ・
イギリスが
中国を支援し、
戦争が拡大！

➡

国家総動員法が
でき、
戦争への協力体制が
強化される！

① 日中の軍事衝突はなぜ起こったの？

[日中戦争の広がり]

満州事変の後、日本軍は華北（中国北部）を日本の勢力圏にしようと工作を進めていました。そのため中国との対立がより強まりましたが、その中国では蔣介石の国民党と毛沢東の共産党の内戦が続いていました。

そうしたなか、1937年7月に北京郊外の盧溝橋で日本軍と中国軍の銃撃戦が起こり、日本軍は現地で軍事行動を展開しはじめました。これを**盧溝橋事件**といいます。すると、内戦を続けていた中国の国民党と共産党は共同して日本軍と戦うことを決め、抗日民族統一戦線をつくりました。以後、宣戦布告のないままに日中間の戦争（**日中戦争**）がはじまり、拡大していきました。日本軍は、短期間で中国での占領地域を広げていき、その後国民政府の首都があった**南京**を占領しました。

② 日中戦争はどのようにして全面化したの？

[日本軍による重慶への爆撃]

首都南京を占領した日本軍でしたが、広大な中国大陸のなかで日本軍が支配することができたのは、重要地域と交通網に限られていました。国民政府は首都を南京から内陸の**重慶**に移し、アメリカ・イギリスの支援を受けながら戦争を続けました。日本は大量の兵力を中国大陸に投入していましたが、中国側の激しい抵抗にあい、いつ終わるかわからない戦争を続けていきました。このように、この戦争は日中の全面戦争に発展しました。

日本軍は、首都**南京**を占領した際、兵士のほか、捕虜や住民を巻き込んで多くの死傷者

ひとことポイント！ 戦時体制を強制的に維持させる法

　日中戦争中の1938年に制定された国家総動員法は、戦争に必要な人や物を議会の承認なしで戦争に動員できるというものでした。この法律によって、従業員が50人以上いる会社の業種別に最初の給料である初任給を固定化する法令ができたり、国民を強制的に工場などへ動員することができる法令ができたりしました。

　また、物価上昇をおさえるため、さまざまなものの値段を据え置いて値上げを禁止する法令も出されるなど、生活のさまざまな面での統制が進んでいきました。

を出しました（南京事件）。広大な中国大陸に戦争を展開していたため、十分に補給を受けられなくなり、中国の現地で中国人を労働力として徴発したり、食料物資を略奪したりもしました。こうして、中国はこの戦争で大きな被害を受けました。

③ 戦時体制はどのようにして進んだの？

　日中戦争が長引くなかで、日本政府は戦争に批判的な人々の言論や思想の取り締まりを強化していきました。日中戦争は大量の兵士と近代的な兵器、戦車などを使用した総力戦となりました。戦争に勝つため、すべての国民が戦争に協力し、軍需物資の生産を維持・拡大する必要がありました。その体制をつくるため、政府は国民の一致協力をつくり出す目的で国民精神総動員運動を展開しました。社会運動の取り締まりや出版・報道の規制も強化され、軍や戦争に批判的な意見は発表できなくなりました。

　さらに1938年には国家総動員法を定め、戦争に必要な資源や国民を議会の承認なしで動員できるようにしました。国会での予算や法律の審議も軍部に逆らえなくなり、政党はその存在意義を失ったため、1940年にはほとんどの政党が解散して大政翼賛会という団体になりました。また、全国の労働組合も解散して大日本産業報国会という団体がつくられました。1941年になると、小学校が国民学校と改められ、軍国主義的な教育が進められたのでした。

PART
5

二度の世界大戦と日本

✎ コレだけはおさえておこう！

① 1937年、盧溝橋での日中両軍の衝突を機に [　　　　] がはじまった。

② 日本軍は、中国の首都 [　　　　] を占領する際、多くの非戦闘員を殺害した。

③ 1940年、ほとんどの政党は解散して [　　　　] が結成された。

④ 1941年、小学校は [　　　　] と改められ、軍国主義的教育が行われた。

答え　①日中戦争　②南京　③大政翼賛会　④国民学校　　121

58 第二次世界大戦は どんな戦争だったの？

ドイツとイギリス、フランスとの間で第二次世界大戦はじまる！

➡ ドイツがヨーロッパを支配し、ソ連との戦争が勃発！

➡ 枢軸国が三国同盟を結び、連合国と対立するように！

① なぜ再び世界大戦が起こったの？

ヨーロッパでは、ヒトラーがベルサイユ条約で失った領土の回復を目指し、ドイツの領土拡大を進めていました。イタリアも同じように侵攻を進めていました。こうしたファシズムの動きに対し、イギリス・フランスは植民地や資源の少ないドイツやイタリアの不満を和らげながら戦争を回避するため、ドイツの領土拡大を認めました。

しかしドイツは、1939年にソ連との間に独ソ不可侵条約を結び、ポーランドに侵攻します。そのため、ポーランドと同盟を結んでいたイギリス・フランスはついにドイツに宣戦布告し、第二次世界大戦がはじまりました。1940年、ドイツはパリを占領してフランスを降伏させるなど、ヨーロッパの広い範囲を支配下に置きました。

[第二次世界大戦中のヨーロッパ]

② ドイツの占領政策はどのようなものだったの？

イギリスは、ドイツの空襲を受けながらも戦争を続けていました。しかし、イギリスを除くヨーロッパのほとんどを支配下に置いたドイツは、過酷な占領政策を行いました。戦争に必要な物資や食料を奪い、多くの市民や捕虜を強制的に工場や農場で働かせました。ユダヤ人については民族を絶滅させようとして収容所に連行し、殺害しました。

こうしたドイツの支配に対し、ドイツ軍に占領された地域では民衆の抵抗運動が起こりました。これをレジスタンスといいます。レジスタンスに参加した人々はドイツの作戦や政策の妨害をしたり、武器を持ちドイツ軍に抵抗したりすることもありました。

ドイツ、イタリアとの軍事同盟でアメリカを牽制

日本は1940年にドイツ・イタリアと日独伊三国同盟を結びました。これにより、日本が、ドイツやイタリアのヨーロッパでの指導的地位を認め、それを尊重することや、枢軸国どうしで相互に援助すべきことを取り決めました。

同盟のなかで、ヨーロッパの戦争や日中戦争に参加していない国に加盟国が攻撃された場合には、互いに軍事援助をすることを決めました。これは、アメリカがヨーロッパの戦争に参加してこないようにするために決めたものだったので、日米関係は悪化していきました。

[日独伊三国同盟を描いたハガキ]

ドイツはその後、1941年、結んでいた独ソ不可侵条約を破って突如ソ連に攻め入りました。独ソ戦の開始です。これ以降、ドイツとソ連は激しい戦争を続けたのでした。

③ 枢軸国と連合国ってなに?

こうした戦争の間に、日本はドイツ・イタリアとの関係を強め、1937年に日独伊三国防共協定を結び、共産主義への対抗策を取りました。さらに、ドイツがフランスを降伏させると、日本はドイツとの関係強化を図り、イタリアを加えて軍事同盟を結びました。これが日独伊三国同盟です。この3カ国は、枢軸国と呼ばれました。

ドイツがソ連に侵攻したころ、中立の立場にあったアメリカはイギリスを支援してドイツとの戦争に参加することを決めました。そして、イギリスとともに「大西洋憲章」を発表し、両国がファシズム打倒を目指すことを宣言したのです。そこでアメリカ・イギリスは、ドイツと戦う社会主義国のソ連に武器の輸出をはじめました。また、日本と戦う中国に対しても支援を続けました。このように、枢軸国に対抗する連合国の陣営が形成されることになりました。

PART
5

二度の世界大戦と日本

✏️ コレだけはおさえておこう!

① ドイツはソ連との間に ☐☐☐☐☐ を結んだ後、ポーランドに侵攻した。

② 1939年、イギリスとフランスがドイツに宣戦布告し、☐☐☐☐☐ がはじまった。

③ ドイツ軍に占領された地域では、☐☐☐☐☐ という抵抗運動が起こった。

④ ドイツ・イタリア・日本の3カ国は、☐☐☐☐☐ 国と呼ばれた。

答え ①独ソ不可侵条約　②第二次世界大戦　③レジスタンス　④枢軸

59 アジア・太平洋戦争で日本が経験したことって？

流れを大づかみ！

資源をめぐってアメリカとの対立が深まり、戦争へ！	→ 日本がアメリカとイギリスに宣戦布告し、戦争がはじまる！	→ はじめは戦争を有利に進めたが、やがて戦局が一変！

① 日米関係はなぜ悪化したの？

[アジア・太平洋戦争図]

- ■ 1941年12月の日本の勢力範囲
- ■ 1941年12月の連合国側領土
- → 1942年夏の日本軍の最前線
- → 日本軍の空襲
- ← 連合国軍のおもな反攻路

　日本が中国との戦争を続けているなか、中国を支援していたアメリカ・イギリスとの関係は悪化していきました。日本は、石油・鉄などの重要な原料や資材の多くをアメリカから輸入していたため、大きな問題となっていました。

　そこで、資源を確保するためフランスやオランダが東南アジアに持っていた植民地を奪って、日本の勢力を南方へ進めるべきだという主張が盛んになってきました。そこで、南方進出を行うため、北方の安全を図ろうと1941年にソ連との間で日ソ中立条約を結びました。

　日中戦争が長引くなか、アメリカやイギリスが中国を援助していたことから、日本はその援助のための輸送路を断つことを目的に、フランス領インドシナ北部に進駐しました。すると、アメリカとの緊張が高まり、日本はアメリカとの対立を避けるため外交交渉をはじめました。しかし、独ソ戦がはじまり日本がインドシナ南部にも軍を進駐させると、アメリカは石油などの対日輸出を禁止しました。そのため、軍部は石油が欠乏する前にアメリカ・イギリスと戦争すべきだと主張したのです。当時の日本の力ではアメリカやイギリスを相手に戦争を起こすことは無謀でしたが、陸軍大将の東条英機は内閣をつくると、撤兵を迫るアメリカとの交渉を打ち切って開戦に踏み切ったのです。

② アメリカ・イギリスとの戦争はどうしてはじまったの？

　1941年12月8日、日本海軍はアメリカ軍が基地を置くハワイ真珠湾を奇襲攻撃し、陸

呼び名に込められた戦争の意味とは？

日本がアメリカ・イギリスとはじめた戦争を、中国との戦いも含め日本政府は当時「大東亜戦争」と呼んでいました。日本が戦争に負けた後は、この戦争の名称は長らく「太平洋戦争」と呼ばれていました。しかし、近年になって「アジア・太平洋戦争」とも呼ばれるようになりました。これは、アメリカ軍との太平洋地域における戦闘だけではなく、中国などアジア地域も戦場となったこと、また近隣諸国の人々の被害も重視する見方が広まってきたためです。

[真珠湾攻撃]

軍はイギリス領のマレー半島への上陸を開始し、アメリカ・イギリスに対し正式に宣戦布告をして**太平洋戦争**がはじまりました。すると、ドイツ・イタリアも三国同盟にもとづいてアメリカに宣戦し、枢軸国と連合国による第二次世界大戦の一部として戦いました。

日本軍は、中国に大量の兵力を配置し、さらに東南アジアなどを含む広い範囲で戦争を進めました。アジア・太平洋の各地で戦争が行われたので、今ではアジア・太平洋戦争とも呼ばれています。

③ 戦争中の占領地域や戦局はどうなったの？

連合国がヨーロッパでの戦争に力を入れていたため、日本は当初アジア・太平洋地域での戦争を有利に進め、東南アジアの各地から連合国を追い出し、軍事占領を行いました。日本は、東南アジアの人々に欧米の支配から脱して、日本の指導のもとで繁栄しようという「**大東亜共栄圏**」をつくろうと宣伝しました。しかし、占領地で厳しい命令を出して資源や食料を取り立てたり、住民を戦争に協力させたので、各地で抗日運動も行われるようになりました。

そして1942年のミッドウェー海戦で日本軍が大敗北すると、戦局は一変し、連合国側は本格的な反攻を展開するようになったのです。

PART
5
二度の世界大戦と日本

コレだけはおさえておこう！

① 日本は、1941年に北方の安全を図るためソ連と 〔　　　　　〕 を結んだ。

② 陸軍の 〔　　　　　〕 は、内閣を組閣するとアメリカとの開戦に踏み切った。

③ 日本は1941年にアメリカ・イギリスに宣戦布告し、〔　　　　　〕 がはじまった。

④ 日本は、東南アジアに対し「〔　　　　　〕共栄圏」をつくろうと呼びかけた。

答え　①日ソ中立条約　②東条英機　③太平洋戦争（アジア・太平洋戦争）　④大東亜　　125

60 戦争はどのように終わったの？

流れを大づかみ！

戦争が長期化し、学徒出陣がはじまり女子挺身隊を結成！	➡ イタリア・ドイツが敗れ、連合国側が優勢となる！	➡ 無条件降伏を要求するポツダム宣言を受け入れ、戦争に敗れ終戦となる！

① 戦争中の国民生活はどのようになっていったの？

　戦争が長期化するにつれ、国内の人々の生活は苦しくなっていきました。軍需物資の生産が優先され、国の統制が次第に強くなりました。国民の動員も強化され、成人男子の多くが戦場に送られるとともに、大学生も戦場へ駆り出される**学徒出陣**もはじまりました。1944年には朝鮮、1945年には台湾でも徴兵制が行われました。

　国内では、戦争中の労働力不足が大きな問題になりました。政府は動員計画を立てて、軍需産業へ人々を配置する政策をとりますが、戦争の長期化のため、動員できる人々が次第に少なくなっていったのです。そのため、政府は未婚の女性を**女子挺身隊**としたり、**勤労動員**を行ったりして軍需工場へ配置しました。

［ 工場に動員された女子生徒 ］

② アジア・太平洋の戦局はどうなったの？

　アメリカが第二次世界大戦に参戦すると、ヨーロッパでは連合国側の反撃が強まり、1943年にはソ連がドイツ軍を破り、イタリアが降伏しました。1944年にはアメリカ・イギリスの軍隊がフランスのノルマンディーに上陸する作戦を成功させ、パリはドイツ軍から解放されました。ドイツは、東からソ連軍、西からアメリカ・イギリス軍の攻撃を受け、1945年にヒトラーが自殺し、無条件降伏しました。

［ 東京大空襲 ］

　1943年以降、アジア・太平洋戦争でも連合国側が優勢になり、日本軍は戦死者や病死者、餓死者などを多く出しました。アメリカは、1944年にサイパン島の日本軍を全滅させ、大型爆撃機の基地をつくり、日本本土への大規模な空襲をはじめました。そのため、大都

| 3 | 4 | 5 | 6 | 7 | 8 | 9 | 10 | 11 | 12 | 13 | 14 | 15 | 16 | 17 | 18 | 19 | ▼いまココ！ 20 | 21 |

古墳　飛鳥　奈良　　平安　　鎌倉　室町　戦国　　江戸　　明治　昭和　平成
南北朝　安土桃山　　　　　大正　　令和

多くの犠牲を出した 沖縄戦の悲劇

ひとこと ポイント！

アジア・太平洋戦争でアメリカが上陸した沖縄は、日本で最も激しい地上戦が行われた地域でした。日本軍が、沖縄で中学生や女学生も兵士や看護婦として動員して戦ったため、非戦闘員から多くの犠牲者が出ました。

軍部や役所などが一体となった戦時体制のもとでは、「敵の捕虜になって悲惨な目にあうくらいなら自決せよ」という教えが行われていたことから、兵士や役人などから配布された手榴弾などを使って家族を殺したり、一家で自決したり、集団自決した人々が多数出ました。

市圏の国民学校の子どもたちが地方に疎開する**学童疎開**が行われました。

1945年３月、焼夷弾による**東京大空襲**では一夜で約10万人が犠牲になり、大阪・名古屋・神戸などの主要都市や地方都市にも空襲が行われました。

③ どのように戦争は終わったの？

1945年４月にはアメリカ軍が沖縄本島に上陸し、激しい地上戦となりました。この**沖縄戦**で県民の多数が犠牲になりました。

1945年７月、アメリカ・イギリス・中国は、日本に**無条件降伏**を呼びかける**ポツダム宣言**を発表しました。しかし、日本政府は戦争続行を主張する軍人をおさえることが難しく、宣言への明確な反応を示しませんでした。アメリカは、日本のこの態度を宣言の無視ととらえ、かつ戦後の世界でソ連よりも優位に立つこともねらって、1945年８月６日に世界で最初の**原子爆弾**を広島に投下し、９日には長崎にも投下しました。またこの間にソ連が日ソ中立条約を破って日本に宣戦布告をして満州などに侵攻しました。こうした事態を受け、日本政府は８月14日に宣言の受諾を決定し、翌15日に昭和天皇がラジオ放送で日本の降伏を伝え、日本は戦争に敗れました。

[長崎に投下された 原子爆弾]

PART 5

二度の世界大戦と日本

コレだけはおさえておこう！

① 太平洋戦争では、大学生が戦場に駆り出される [ ] が行われた。

② 戦争中、国民学校の子どもたちは地方に疎開する [ ] を行った。

③ 1945年７月、連合国は日本に無条件降伏を求める [ ] を発表した。

④ 1945年８月には、広島と長崎に [ ] が投下された。

答え ①学徒出陣　②学童疎開　③ポツダム宣言　④原子爆弾

61 敗戦後の日本は どうなったの？

GHQ による
占領統治がはじまり、
国際連合ができる！

➡

五大改革が
指令され、
民主化政策が
スタート！

➡

財閥解体・
農地改革が行われ、
教育制度も新しくなる！

① 連合国軍はどのように日本を占領したの？

[厚木基地に降り立った
マッカーサー最高司令官
（右から2人目）]

　日本が戦争に負ける前の1945年4月、アメリカのサンフランシスコに連合国の代表が集まりました。その後、二度と世界大戦を起こさないようにすることを目的とした組織として、10月に**国際連合（国連）**を成立させました。国連には、国際社会の争いを解決するための機関として、**安全保障理事会**が設けられることになり、アメリカ・イギリス・フランス・ソ連・中国の5大国が常任理事国となりました。

　そして1945年8月、長かった戦争が終わりアメリカ軍中心の連合国軍による日本の占領がはじまりました。ポツダム宣言にもとづき、日本の領土は北海道・本州・四国・九州とその付近の島々に限られ、台湾や朝鮮などの領土は放棄し、沖縄・小笠原諸島・奄美群島はアメリカの軍政下に置かれました。

　日本本土は、マッカーサーを最高司令官として東京に設置された**連合国軍最高司令官総司令部（略称 GHQ）**のもとに日本政府が政治を行う、間接統治の方式がとられることになりました。

② 日本で行われた非軍事化の対策は？

　GHQ は日本政府に対して、民主化を進めるために**五大改革**を指令しました。それは、婦人参政権の付与などによる女性の解放、労働組合結成の奨励、教育の自由主義化、秘密警察や治安維持法などの廃止、経済の民主化の5つです。

　そして総司令部は、日本の非軍事化を進めるため、日本の軍隊を解散させ、戦争を指導

貧しい小作人に土地を与えたGHQ

GHQは、戦前の日本の農村を支えてきた、地主と小作人の制度を改めるよう政策を進めました。

それまで、広大な土地を持つ地主は、その土地を小作人に貸し、小作人には土地の賃料として小作料を課していました。小作料は稲で納めたので、地主は耕作しなくても稲を得ることができました。地主の立場が強く、小作人の立場はとても弱く貧しかったため、総司令部はこの貧しさが日本を戦争に駆り立てたとして、地主と小作人の制度を改めたのでした。

[はじめての女性国会議員]

した軍人や政治家を逮捕し、戦争犯罪人として**極東国際軍事裁判**（東京裁判）にかけました。また、職業軍人や国家主義者、戦争協力者などを公職から追放しました。さらに、共産主義者などの政治犯は釈放され、政治活動の自由を認め、特別高等警察（特高）も廃止されました。選挙法が改正され、満20歳以上の男女すべてに選挙権が与えられました。戦前に解散した政党の政治家たちは、活発な活動をはじめました。

③ 民主化はどのように進められたの？

GHQが出した民主化の指令は、さまざまな改革となって進められていきました。経済面では、日本経済を支配していた三井や三菱・住友などの財閥を、戦争とも深く関わり支えていた存在であるとして、その解体を命じる**財閥解体**を行いました。また、**農地改革**が行われ、地主の持つ土地を強制的に買い上げて小作人に安く譲りました。財閥解体と農地改革、この2つが経済の民主化の柱となりました。

このほかにも、明治時代以来の教育勅語を教育の基本方針とすることをやめて、新たに**教育基本法**などを制定し、男女共学とすることや、小学校6年間と中学校3年間を義務教育とする6・3制の教育制度を定めました。

コレだけはおさえておこう！

① 1945年、世界平和を守るための国際機関として ▢ が成立した。

② 戦後の日本の統治は、東京に設置された ▢ のもとで開始された。

③ 経済の民主化では、▢ として三井・三菱・住友などが解体された。

④ 1947年制定の ▢ では、男女共学や9年間の義務教育が決められた。

答え ①国際連合（国連）　②連合国軍最高司令官総司令部（GHQ）　③財閥解体　④教育基本法

62 新しい憲法の特徴って？

総司令部の
草案をもとに、
新しい憲法が誕生！

➡

憲法の３つの柱が
決められ、
地方自治の制度や
民法も改正！

➡

戦後直後、
物不足で
物価高となり、
住宅事情も深刻に！

① 日本国憲法はどのように成立したの？

　連合国軍最高司令官総司令部（略称 GHQ）は、1945年10月に日本の民主化を進めるため、日本政府に対し明治時代以来の大日本帝国憲法の改正を指示しました。しかし、政府案では天皇主権のままであるなど、これまでの憲法と変わりがありませんでした。そのため、総司令部は独自の草案をつくり政府に示します。政府は総司令部の作成した草案を土台とし、改正案をまとめました。

[日本国憲法の施行を
記念する切手]

　1946年１月に天皇の「人間宣言」が出され、４月には女性も参加した戦後初の衆議院議員総選挙で成立した国会が、４カ月にわたって憲法案を審議しました。大日本帝国憲法を改正する手続きを取りながら、1946年11月３日に日本国憲法として公布され、翌年５月３日に施行されました。

② 新しい憲法の中身はどうだったの？

[『あたらしい憲法の
はなし』挿絵]

戦争放棄

　新しくできた憲法には、前文で、政府の行為によって再び戦争の惨禍を引き起こさないという国民の決意が示されています。そして、国民主権・基本的人権の尊重・平和主義を３つの柱として、天皇は国の象徴であるとともに国民統合の象徴となりました。過去の戦争への反省から、第９条に戦争の放棄が定められました。

　新しい憲法に基づき、民主的な地方自治の制度がつくられることになり、それまでは政府によって任命されていた都道府県の知事は、住民が直接選挙で選べるようになりました。

　家族制度のよりどころであった民法も改正され、一家の長として家を統率した戸主や、家を中心とした制度を改め、夫婦が

ひとことポイント！　敗戦後の引き揚げ

日本が持っていた植民地や占領地には、敗戦までに多数の日本人が移住していました。敗戦によって、そうした日本人が日本に戻ってくることになりましたが、この引き揚げは順調に進んだわけではありませんでした。

満州などにいた約60万人の日本兵らは、日ソ中立条約を破って侵攻してきたソ連軍に捕らえられ、何年もの間シベリアで強制労働に従事させられました。また、中国では多くの子どもたちが敗戦後の混乱のなかで両親と離ればなれになり、孤児として中国人に育てられました。

平等の権利を持つことが定められました。相続についても、長男を優遇する制度が廃止となり、妻やすべての子どもに平等に認められるようになりました。

③占領下の日本の生活はどうだったの？

敗戦後の日本では、猛烈なインフレーション（物価高騰）が起こっていました。物不足、特に食料不足は深刻で、栄養失調になる人や飢え死にする人が数多く出ました。都市部では、戦争中から続いていた食料の配給も停滞していたため、全国各地に非合法の闇市ができ、人々はそこで必要なモノを手に入れたり、農村に買い出しに行ったりして飢えをしのぎました。

住宅はさらに深刻な状況でした。空襲のため、全国の住宅の15％が焼失しており、1948年になっても、東京都では都民の8割が自分の住居を持つことができていませんでした。

空襲による被害で、多くの工場が破壊されたため、1946年の鉱工業の生産は、日中戦争開戦前の4分の1まで落ち込んでいました。それでも、敗戦で植民地や占領地にいた軍人・民間人が多数日本に戻ってきたことで、次第に工業生産が再開されました。

コレだけはおさえておこう！

① 日本国憲法は、従来の［　　　　　］を改正する手続きを取って公布された。

② 日本国憲法の三大原則は、国民主権・［　　　　　］・平和主義である。

③ 戦後の日本では、物不足から生じる猛烈な［　　　　　］が起こっていた。

④ 戦後、人々は非合法に開かれた［　　　　　］で必要なものを手に入れた。

答え　①大日本帝国憲法　②基本的人権の尊重　③インフレーション（物価高騰）　④闇市

63 冷たい戦争って？

冷戦が激しくなり、米ソ両陣営の対立の火花が散る！

➡

朝鮮半島で2つの国ができ、中国では共産党が勝利する！

➡

アジア各地で独立運動が起こり、平和共存を求める声が高まる！

① 第二次世界大戦後のアメリカとソ連の対立って何？

[冷戦下でのドイツとベルリン]

戦後直後に国際連合が成立したことで、世界では国際協力をしていこうという雰囲気が高まりました。その一方で、世界はアメリカを中心とする資本主義陣営と、ソ連を中心とする社会主義陣営との2つが激しく対立し、それぞれが自分たちの陣営に世界の国々を引き入れようとしていました。こうした対立を「冷たい戦争（冷戦）」と呼びます。

アメリカは、カナダや西ヨーロッパ諸国に多額の資金援助を行って復興を手助けしました。また、ソ連の勢力をおさえるために、北大西洋条約機構（NATO）という軍事同盟をつくり、西ヨーロッパ諸国に軍事基地を置きました。アメリカ・イギリス・フランスが占領・統治していた敗戦国ドイツの西側には、アメリカが支持するドイツ連邦共和国（西ドイツ）が成立しました。

これに対し、ソ連は同じ時期にドイツ民主共和国（東ドイツ）を独立させ、NATOに対抗してワルシャワ条約機構という軍事同盟をつくりました。

② 戦後の中国や朝鮮で何があったの？

米ソ対立の冷戦は、アジア地域にも及びました。第二次世界大戦後、日本の植民地から解放された朝鮮では、北緯38度線を境に北をソ連が、南をアメリカが占領していましたが、1948年、アメリカの援助で南部に大韓民国（韓国）が、ソ連の援助で北部に朝鮮民主主義人民共和国（北朝鮮）が成立しました。この両国は次第に対立を深めていきます。

中国では、蔣介石率いる国民党と、毛沢東率いる中国共産党との間で再び内戦がはじまりましたが、1949年に民衆の支持を得た共産党がアメリカの援助を受けた国民党軍を破り、毛沢東を主席とする中華人民共和国（中国）が成立し、国民党は台湾に逃れました。

アジアとアフリカ諸国だけで開かれた初の国際会議

　1955年に開かれたアジア・アフリカ会議は、29カ国を集めた国際会議でした。史上初めて、アジア・アフリカ諸国だけの国際会議として開かれ、反植民地主義・反人種主義の立場から、新しい国際関係の見通しを示したものでした。会議の内容は、基本的人権の尊重や、国家の主権・領土の尊重、また内政不干渉や人種平等、紛争を平和的に解決することなどが取り上げられました。インドネシアのバンドンで開かれたことから、バンドン会議とも呼ばれています。

[インドの ネルー首相]

[中国の 周恩来首相]

アメリカはこの後も、国民党を中国を代表する政府として支持します。

③ 戦後のアジアやアフリカの動きは？

　大戦が終わると、長い間欧米諸国の植民地にされてきたアジアの各地で独立運動が激しくなっていき、インド・フィリピン・インドネシア・パキスタンなどが独立を果たしました。ベトナムも独立を宣言しますが、フランスがこれを認めなかったため、インドシナ戦争と呼ばれる戦争が続きました。

　冷戦が続くなか、中華人民共和国の周恩来首相がインドのネルー首相と話し合い、国のしくみや立場の違いを越えて、平和的に協力すべきだとする平和五原則を発表しました。この発表は、冷戦の対立を和らげ、平和共存を求めるものとして注目されました。さらに1955年には、アジア・アフリカの諸国が集まり、インドネシアのバンドンでアジア・アフリカ会議を開きました。この会議は、帝国主義諸国の植民地化への反対と、平和を守ることなどを決めました。

✎ コレだけはおさえておこう！

① アメリカとソ連の対立は、「 ＿＿＿＿ 」と呼ばれた。

② アメリカは、ソ連に対抗するため軍事同盟として ＿＿＿＿ を結成した。

③ 1948年、朝鮮ではソ連の支援で北部に ＿＿＿＿ が成立した。

④ バンドンで開かれた ＿＿＿＿ 会議では、帝国主義反対が決められた。

答え　①冷たい戦争（冷戦）　②北大西洋条約機構（NATO）　③朝鮮民主主義人民共和国（北朝鮮）　④アジア・アフリカ

64 日本はどのように 国際社会へ復帰したの？

流れを大づかみ！

アメリカによる
占領政策が
転換するなか、
朝鮮戦争がはじまる！

➡

激しい冷戦のなか、
講和会議が開かれ
平和条約が
結ばれる！

➡

主権回復後、
日本は国際社会へ
復帰する！

① 日本は特需景気で経済が復興した！

冷戦が激しくなってきたことで、日本を占領しているアメリカは、日本を共産主義に対抗できる資本主義の国にしようと考え、占領政策を転換することにしました。連合国は、日本に対する賠償要求を次第に緩和して、非軍事化や民主化よりも日本の経済復興と経済自立を重視する方向へと日本を導こうとしたのです。総司令部は1948年に公務員のストライキを禁止する取り決めをつくり、共産党員らを公職から追放する一方、公職追放されていた旧軍人などの復帰を認めました。

政策の転換を受け、政府は財政引き締めや増税を行う一方、労働運動を制限しました。このため、多くの中小企業が倒産して失業者が増えてしまいました。

1950年、かねてから対立していた韓国（大韓民国）と北朝鮮（朝鮮民主主義人民共和国）との間に朝鮮戦争がはじまると、アメリカ軍（国連軍）は韓国を、ソ連軍と中華人民共和国軍は北朝鮮を支援し、激しい戦闘が続きました。1953年に休戦になりましたが、この間日本にはアメリカ軍の軍需品の修理や生産の注文が殺到して特需景気となり、これをきっかけに経済は上向きになりました。

② 日本はどのように独立を回復したの？

[警察予備隊]

朝鮮戦争が起こると、日本に駐留しているアメリカ軍が朝鮮に出動しました。そこで総司令部は、出動した在日米軍の空白を埋めさせ、国内の治安維持をするという理由で、1950年、日本政府に警察予備隊をつくらせました。アメリカは、日本を資本主義国の一員として自立させるとともに、自衛力を持たせようとしたのでした。警察予備隊はのちに強化されていき、1954年に自衛隊となりました。

朝鮮戦争でアジアの緊張が高まったため、アメリ

ひとことポイント！ サンフランシスコ講和会議をめぐる各国の動き

　サンフランシスコ講和会議では、2つの国家が存在した中国（中華民国政府と中華人民共和国）はどちらを正式政府とすべきかで意見対立があり、どちらも招かれませんでした。ソ連など社会主義陣営は出席したものの、日本への外国軍隊（アメリカ軍）の駐留を認める条項に反対して調印しませんでした。連合国のうち、アメリカ・イギリス・オランダなどの6カ国は賠償請求権を放棄、または行使しませんでした。フィリピンや南ベトナムなどに対しては平和条約にもとづき賠償を実施しました。

[サンフランシスコ平和条約の調印式]

　カは日本の主権の回復に向けた準備を進め、朝鮮戦争中の1951年9月、アメリカで行われた**サンフランシスコ講和会議**で、日本はアメリカ・イギリスなど48カ国との間に**サンフランシスコ平和条約**を結びました。日本は独立国としての主権を回復しましたが、一方、沖縄・奄美群島・小笠原諸島を引き続きアメリカ軍の施政下に置くことに同意しました。

③ 日本はどのように国際社会に復帰したの？

　平和条約締結と同時に、日本は**日米安全保障条約**を結び、独立後もアメリカの軍事基地が国内に残されることになりました。講和会議で日本の**国際社会**への復帰が認められたことで、日本はさまざまな国際機関に加盟していきました。1952年には国際通貨基金・世界銀行、1955年には「関税及び貿易に関する一般協定（GATT）」に加盟しました。

　そののち、平和条約を締結しなかった国々との国交回復に努め、1956年にはソ連との間で**日ソ共同宣言**を発表し、北方領土問題を残したまま国交を回復しました。これによって、日本は国際連合への加盟が認められました。

コレだけはおさえておこう！

① 1950年、□□□□□と北朝鮮との間で朝鮮戦争がはじまった。

② 日本は、48カ国との間で□□□□□を結び主権を回復した。

③ 1950年、在日米軍の空白を埋めるため□□□□□が結成された。

④ ソ連との間で□□□□□を発表し、その後日本は国際連合に加盟した。

答え　①韓国（大韓民国）　②サンフランシスコ平和条約　③警察予備隊　④日ソ共同宣言

135

⑥⑤ 高度経済成長は どうして起こったの？

流れを大づかみ！

好景気をきっかけに、高度経済成長がはじまる！	➡	高度経済成長で「三種の神器」「3C」が普及するように！	➡	高度経済成長の陰で、過疎化や都市問題、公害問題が発生！

① 高度経済成長が見られたのはなぜ？

[日本初の新幹線開通]

日本が独立を回復した後の1950年代中ごろには、日本の経済水準はほぼ戦前並みに回復していました。朝鮮戦争の特需景気をきっかけに、日本は重化学工業を中心とする経済発展を優先する政策を進め、**高度経済成長**がはじまります。この高度成長は20年近く続き、日本の国民総生産（GNP）は約5倍に増えました。

技術革新が急速に進んで工場は自動化され、鉄鋼・造船・自動車・電気製品・石油化学などの重化学工業が著しく発展しました。エネルギー資源は石炭から石油に変わり、太平洋沿岸には石油化学コンビナートや製鉄所が設立されました。また、第二次世界大戦前からの財閥系大企業が立ち直ってきました。

政府も、池田勇人内閣が所得倍増をスローガンに掲げて、経済成長を促進する政策をとりました。また、1964年に東京オリンピック大会が開かれるのに合わせ、新幹線や高速道路の整備も進みました。こうして、日本経済は国際競争力を強めて輸出を伸ばし、1968年には西ドイツ（現在のドイツ）を抜き、国民総生産が資本主義国のなかでアメリカに次いで第2位になるまで成長しました。

② 高度経済成長で人々のくらしはどうなったの？

高度経済成長の影響で、国民生活も大きく変わりました。家庭には洗濯機や冷蔵庫などの電化製品が普及して、暮らしが便利になりました。1960年代に入ると、電気冷蔵庫・電気洗濯機・白黒テレビが人々のあこがれとなり、家庭の「三種の神器」と呼ばれてもて

ひとことポイント！　急速な経済発展が生んだ公害問題

高度経済成長は、経済発展を最優先したために、自然や生活環境を破壊したことで、公害問題を生みました。なかでも深刻だったのは、四大公害でした。

三重県四日市市では、大気汚染が発生して「四日市ぜんそく」が起こり、富山県ではカドミウムによる「イタイイタイ病」、新潟県阿賀野川流域で発生したメチル水銀化合物による「新潟水俣病」、熊本県八代海のメチル水銀化合物による「水俣病」の被害が深刻となり、裁判の結果、いずれも住民側が勝訴しました。

はやされました。さらに1960年代後半以降になると、今度はカー・クーラー・カラーテレビの「3C」が人々のあこがれに変わっていきました。

水洗トイレやガス風呂などの設備が整えられた大規模な団地が、次々に建てられていきました。

高校や大学への進学者も増えていき、貧困世帯も少なくなって、国民の大部分が「中流意識」を持つようになりました。

[乗用車と家庭電化製品の普及]

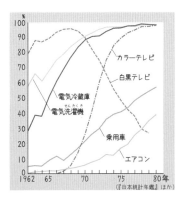

『日本統計年鑑』ほか

③ 高度成長のひずみって？

しかし、経済の急成長は一方で多くの社会問題を引き起こしました。産業の発展に伴い、労働力が必要になったため、若者を中心に農村や山村から都市へ人々が移動し、農山村の人口が大きく減り、過疎化が進みました。一方、都市では逆に人口の過密化が起こり、住宅難や交通渋滞、騒音などの都市問題が発生しました。

工業の発展を優先する政策のため、国土が乱開発されたことで各地に公害をもたらしました。そのため、四日市ぜんそく・水俣病・イタイイタイ病・新潟水俣病の四大公害裁判が起こり、政府は公害対策基本法を制定し、環境庁を設置するなど、対策を取りました。

✎ コレだけはおさえておこう！

① 高度経済成長で [　　　　] が急速に進み、工場が自動化された。

② [　　　　] 内閣は、所得倍増をスローガンに掲げ、経済成長を促進させた。

③ 東京オリンピック開催に合わせて、高速道路や [　　　　] が開通した。

④ 四大公害裁判が起こると、政府は [　　　　] を制定して公害対策を行った。

66 アメリカ・中国・韓国とは どのような関係にあったの？

流れを大づかみ！

安保条約が結ばれ、
アメリカ軍が
駐留し続けることに！

➡

日中の国交正常化が
進み、共同宣言・
平和友好条約締結！

➡

韓国と条約を結び、
国交正常化するが
北朝鮮とは
交渉進まず！

① アメリカと結んだ新しい安保条約とは？

［国会議事堂を取り巻く
安保反対デモ］

　1951年にサンフランシスコ平和条約が結ばれた後でも、沖縄・奄美・小笠原の諸島はアメリカの軍政下でした。その後、1953年に奄美、1968年に小笠原が返還されましたが、沖縄だけはアメリカの東アジアにおける重要な戦略拠点であるとして、返還されていませんでした。

　1955年に、それまで分かれていた政党が合同して**自由民主党（自民党）**と**日本社会党（社会党）**が成立し、その後自民党が政権を取り続けました。これを**55年体制**といいます。1960年、**岸信介**内閣はアメリカとの関係をより対等にするために新しい安保条約の改定案に調印しました。この条約には、日本の軍事力を増すことと日米両国の軍事協力などが約束されていました。このため、調印をめぐり反対運動が起き（**安保闘争**）、岸内閣は国会での強行採決を行い、条約発効直後に総辞職したのです。

② このころ中国との関係はどうだったの？

　このころ、中国には"2つの国"が存在していましたが、1971年の国連総会で台湾にある国民党政府に代わって、中華人民共和国が国連での代表権を認められました。そのため、翌年にはアメリカ大統領が中国を電撃訪問したのに続いて、日本の**田中角栄**首相も訪問し、**日中共同声明**を発表して、国交を正常化させました。

　この声明では、日本が戦争によって中国国民に重大な損害を与えた責任を認めて深く反省し、中国側は日本への賠償請求を放棄することが決められました。また、中華人民共和

日本の領土をめぐる認識の違い

　日本と韓国・中国との関係は、経済や人の行き来を中心に積極的に行われ、その交流は密接になっています。しかし、韓国・中国との間には未だ解決できていない大きな問題があります。それは、韓国とは「竹島」を、中国とは「尖閣諸島」をめぐる領有権の問題です。日本政府は、尖閣諸島は明治時代以来の固有の領土のため、中国との間に領土問題は存在しないという立場です。一方竹島の場合は、韓国が一方的に領有権を主張し、日本は繰り返し抗議をしていますが、解決には至っていません。

国政府が、中国を代表する唯一の政府であることを認めました。こうして、1937年にはじまった日中戦争以来の両国の戦争状態は終結し、以後は台湾にある国民党政府との政治関係は途絶えました。その後、1978年には**日中平和友好条約**が調印され、翌年になるとアメリカも中国との国交を開きました。

③ このころ韓国と北朝鮮との関係はどうだったの？

　日本は、大韓民国政府との国交正常化に向けた交渉を行っていましたが、かつての植民地支配に対する両国の認識の違いもあって、簡単には進みませんでした。それでも、韓国内に日本との関係改善を図って北朝鮮に対抗しようとする政権ができたことや、アメリカのあっせんで交渉がまとまり、条約締結に13年間を要し、1965年、大韓民国政府との間に**日韓基本条約**が結ばれました。

　この条約によって、日本が植民地支配のために結んでいた条約はすべて無効であることが確認されました。また、日本と韓国の外交関係が樹立されることや、大韓民国政府が朝鮮半島にある唯一の合法的な政府であると認めるとともに、日本は韓国に対し経済援助をすることも約束しました。

　一方、北朝鮮と日本の関係については、米ソの対立のなかで国交が正常化されておらず、現在も**日本人拉致被害者問題**や北朝鮮の**核問題**などで交渉は進んでいません。

コレだけはおさえておこう！

① 55年体制のもとでは、[　　　　]と日本社会党の政治体制が続いた。

② 中国との間では、1978年に[　　　　]が調印された。

③ [　　　　]内閣は、安保条約の改定を強行採決で成立させた。

④ 1965年、日本は大韓民国政府との間に[　　　　]を結んだ。

答え　①自由民主党（自民党）　②日中平和友好条約　③岸信介　④日韓基本条約

PART 6 現代の日本と世界

67 冷たい戦争の後の日本の立場って？

流れを大づかみ！

東西ドイツが統一し、ソ連などの社会主義体制は崩壊！

➡ 中国では、中国共産党の支配のもと改革が進む！

➡ アジア・アフリカ各地では地域紛争やテロが続く！

① 冷戦はどのようにして終わったの？

[**撤去されるベルリンの壁**]

　1960年代半ばから、世界におけるアメリカとソ連の圧倒的な地位は次第に崩れていきました。それは、アメリカはベトナム戦争で、ソ連はアフガニスタン侵攻でともに軍事支出がかさみ、経済力が低下したからです。西ヨーロッパでは1967年に**ヨーロッパ共同体（EC）**が発足し、経済の統合が進みました。同じ社会主義でも、ソ連と中国は対立するようになり、ソ連の影響が及んでいた東ヨーロッパでは自立の動きが目立ってきました。

　1980年代になると、ソ連は経済的な危機に襲われます。一方で東ヨーロッパでは民主化を目指す新政権が次々に誕生し、1989年には東西ドイツの対立の象徴であったベルリンの壁が取り払われ、1990年に**ドイツ統一**が実現しました。ソ連は政治・経済の立て直しを図りましたが、1991年にロシア連邦などの各共和国が独立し、ソ連を中心とする**社会主義体制**は崩壊しました。第二次世界大戦後にはじまった東西二大陣営による**冷戦**は終結したのです。

② 中国はどのような改革を行ったの？

　中国では、10年に及んだ文化大革命によって社会が混乱していましたが、1970年代から、**中国共産党**の実力者である**鄧小平**（トンシアオピン）を中心に「**四つの現代化**」が進められました。4つとは、農業・国防・工業・科学技術を示します。農業では、農民の生産意欲を高めるために人民公社を解体して、農民の自主性を重んじる生産責任制を導入しました。商工業では、経済特区を設けて外国資本の導入を積極的に進めていきました。政治的には、共産党の一党独裁体制のもとでの市場経済を進める一方、先進国には留学生を派遣し、進んだ技術を

ひとことポイント！ 東南アジアの政治的な結びつき

1967年にタイ・インドネシア・マレーシア・シンガポール・フィリピンの5カ国が設立した地域協力機構である東南アジア諸国連合（ASEAN）は、経済や文化、政治・社会・安全保障に及ぶ相互協力を通じて、東南アジアの安定化を図ることを目的としています。

加盟各国の外務大臣を集めた会議や、常任委員会などの機構を持っており、加盟国以外の諸国ともASEAN拡大外相会議を通じて協議を行います。日本とも緊密な関係を保ちながら現在に至っています。

[ASEAN 加盟国]

学ばせました。しかし、このような改革はもっぱら経済面が中心であり、政治の民主化は遅れていました。1989年には、学生・市民らが天安門広場に集まり民主化を要求しましたが、政府は軍隊を出動してこれを武力で弾圧し、多数の死傷者が出るという**天安門事件**が起こり、世界より厳しい批判を受けました。

③ グローバル化する世界で何が起こっているの？

ソ連が解体したことで、市場経済は世界に広がりました。国際情勢が変化するなか、韓国や台湾などの**アジアニーズ**［アジアNIES（新興工業経済地域）］や、タイ・フィリピン・ベトナムなどの**アセアン**（ASEAN、**東南アジア諸国連合**）加盟国、さらに中国が最近までの40年間で高い経済成長を続けました。日本の輸出地域も、それまでは欧米諸国中心だったのが1990年代になると、東アジアが最大となりました。

冷戦が終結してもなお、アジア・アフリカ・東欧など世界各地で民族や宗教、文化の違いを原因とする地域紛争やテロが続いています。1991年からはじまった湾岸戦争や、2003年からはじまったイラク戦争は根本的には宗教対立であり、その後も対立が続いています。

コレだけはおさえておこう！

① 1989年、ベルリンの壁が取り除かれ、翌年 ［　　　］ の統一が実現した。

② 1991年、ロシア連邦などが独立し、ソ連中心の ［　　　］ 主義体制は崩壊した。

③ 中国では、1989年の武力弾圧事件である ［　　　］ で多数の死者が出た。

④ アジアでは韓国などのアジアニーズ、タイなどの ［　　　］ 加盟国の経済成長が続いた。

答え　①ドイツ　②社会　③天安門事件　④アセアン（ASEAN、東南アジア諸国連合）

68 今の日本を取り巻く環境って？

流れを大づかみ！

高度成長が
終わるものの、
日本が世界一の
黒字国に！

➡

55年体制が崩壊し、
連立政権が
日本の政治を担う！

➡

国際社会のなかで、
日本としての
役割を果たして
いくことに！

① 日本は経済大国になったの？

　1970年代に入ると、**石油危機**の発生によって世界の経済は大きな打撃を受け、日本の高度経済成長も終わりました。それでも日本は輸出を伸ばし、省エネルギー化を進め、公共投資を増やすなどしてこの不況から脱出し、1980年代になると世界のなかでも経済大国の仲間入りを果たしました。貿易収支は黒字が続き、海外への投資も増え、1988年には**世界一の黒字国**となったのです。

　1980年代後半には株や土地の値段が高騰する**バブル経済**を経験しますが、1990年代に入るとこの好景気が終わり、その後の日本経済は長らく不況が続きました。その間に銀行や企業の倒産が相次いだため、経済や社会のしくみの見直しである構造改革を迫られました。

② 55年体制はどのように終わったの？

[東日本大震災]

　1990年代より長い不況に入っている間の1993年に、非自民党政権である細川護熙内閣が成立し、自民党は政権を失います。そのため、自民党を与党、社会党を野党とする**55年体制**は崩壊しました。その間、1995年1月に死者6000人以上、負傷者4万人以上、家屋の全半壊25万棟という被害の出た**阪神・淡路大震災**が起こりました。

　その後、自民党はさまざまな政党と連立を組みながら政権に復帰しますが、政治は安定せず、短命な内閣が続き、2009年には民主党が政権を担うこともありました。そうしたなか、今度は**東日本大震災**が発生し、地震と津波で多くの人命が失われました。原子力発電所が損壊し、放射性物質が大量に漏れ出

戦後50年の節目 示された平和への決意

ひとこと
ポイント！

阪神・淡路大震災が発生した1995年の8月15日、村山富市首相は談話を発表し、「わが国は、遠くない過去の一時期に、国策を誤り、戦争への道を歩んで、植民地支配と侵略によって、多くの国々、とりわけアジア諸国の人々に対して多大の損害と苦痛を与えました」と述べました。

これは、アジア・太平洋戦争における侵略戦争の反省と謝罪を述べ、平和の理念と民主主義を進めていくことを表明したものでした。これは、日本政府の公式見解として、歴代内閣に継承されています。

す事故が起こり、民主党政権はこの震災への対応で批判を浴び、その後再び自民党が公明党との連立で政権を取り戻しました。

③ 国際社会における日本の役割は？

冷戦が終結すると、日本は国際貢献のありかたが問われるようになりました。以前より発展途上国への経済援助を続けていましたが、湾岸戦争が発生すると、アメリカからの要請をきっかけに議論を進め、日本政府は1992年に**国際平和協力法（PKO協力法）** を成立させ、自衛隊を海外に派遣して、国際平和の維持を目的とした国連軍の活動などの支援を行うようになりました。

近隣のアジア諸国との関係については、より密接

南スーダンで道路の工事をする自衛隊員

な関係になる一方、過去の植民地支配の歴史や侵略戦争への反省をめぐり、摩擦が生じています。1995年には侵略戦争と植民地支配を反省する首相の談話が出され、以後歴代の内閣はこの立場を継承しています。

コレだけはおさえておこう！

① 1980年代後半、株や土地の値段が高騰する [　　　　　] 経済が起こった。

② 1995年には、[　　　　　] が発生し、死者は6000人以上にのぼった。

③ [　　　　　] では、原子力発電所の損壊でもれた放射性物質が問題化した。

④ 1992年に [　　　　　] が成立し、海外に自衛隊が派遣されるようになった。

答え　①バブル　②阪神・淡路大震災　③東日本大震災　④国際平和協力法（PKO協力法）

PART
6

現代の日本と世界

69 グローバル化と SDGsって何？

流れを大づかみ！

インターネットの
発達で情報化が進展！ ➡ 日本では
少子高齢化が
重要な課題に！ ➡ 持続可能な社会の
実現を目指した動きが
重要！

① 情報社会はどのように形成されてきたの？

　90年代からパソコンが急速に普及し、**インターネット**が社会のなかで重要な役割を果たすようになりました。国境を越えた情報のやりとりが瞬時にできるようになり、また情報を受け取るだけでなく自分から発信することも簡単にできるようになったのです。2000年代以降はさらに携帯電話やスマートフォン（スマホ）が普及し、**ソーシャルメディア**（SNS や動画配信サービスなど、万人が参加できる双方向発信のメディア）を利用する人が増えました。近年では **AI（人工知能）** の研究が進んでおり、人々の生活に大きな変化が生じています。

[**インターネットと情報通信機器の普及率**]

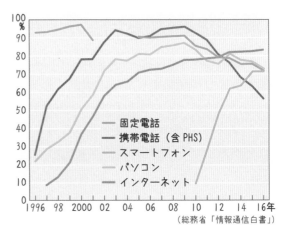

凡例：
── 固定電話
── 携帯電話（含 PHS）
── スマートフォン
── パソコン
── インターネット

（総務省「情報通信白書」）

② 現代の日本がかかえる課題は？

　現代は、情報だけでなく、人や物なども国境を越えて盛んに移動するグローバル化が進んでいます。平和主義や経済の豊かさを背景とした日本の文化や科学技術は世界で高く評価されるとともに、日本の伝統文化などが世界で盛んに紹介されたことで、多くの外国人観光客が日本を訪れるようになりました。一方、日本は1950年代から出生率が低下したことで**少子高齢化**が課題となっており、2010年代からは総人口が減少し始めています。そうした中でも日本で暮らす外国人は増えており、**多文化共生社会**の形成が求められています。

　加えて、アイヌの人々や在日外国人、障がいのある人々や女性、**LGBT** などの性的少数者に対する差別や偏見をなくしていくことも重要な課題です。

3	4	5	6	7	8	9	10	11	12	13	14	15	16	17	18	19	20	21

いまココ！▼

古墳　飛鳥　奈良　平安　鎌倉　室町　戦国　江戸　明治　昭和　平成
南北朝　安土桃山　大正　令和

環境問題の解決の難しさ

温室効果ガスは、人間の盛んな経済活動にともなって発生するものであるため、排出を抑制することは経済活動を停滞させることにつながりかねません。そのため、これまで工業化を進めてきた先進国と、工業化が近年急速に進み始めた発展途上国の間で足並みをそろえることが難しくなっています。

アメリカは、先進国と発展途上国とで削減目標が不公平であるとして京都議定書を離脱しました。その後、京都議定書に代わる「パリ協定」が2016年に発効され、2021年1月には、アメリカのバイデン大統領が「パリ協定」復帰に署名しています。

このように、環境問題は各国の利害が激しく対立することから、一つの結論を出すのに長い時間がかかるのです。

③ 持続可能な社会に向けた取り組みとは？

グローバル化が進むと、国際平和への取り組みや環境問題など、一国だけでは解決が難しい問題も増えてきました。

日本は戦争における核兵器使用の被害を受けた唯一の被爆国として、非核三原則をかかげるとともに、核兵器の廃絶を訴えてきました。国連の平和維持活動（PKO）への参加なども、国際平和への貢献の1つです。

環境問題では、人間の盛んな経済活動によって大気中の温室効果ガス（二酸化炭素など）が増え、地球温暖化をもたらしているとされているため、温室効果ガスの排出削減に世界的に取り組む動きが見られます。1992年の国連環境開発会議（地球サミット）の開催や、1997年の地球温暖化防止京都会議における京都議定書の採択などは、こうした動きの1つです。

これらの問題を考えるとき、現在の世代の幸福だけでなく、将来の世代の幸福を見すえた「持続可能な社会」の考え方が重要です。2015年の国連サミットでは、持続可能な開発目標（SDGs）が採択され、2030年までに貧困の撲滅、男女平等、クリーンエネルギーの普及、平和と公正といった17の目標がかかげられました。日本は、現代のさまざまな課題に積極的にかかわっていく責務を負っています。

コレだけはおさえておこう！

① 1990年代以降、□□□の発達が情報社会の形成に大きな役割を果たした。

② 現代の日本は出生率が低下し、□□□化が課題となっている。

③ 将来の世代の幸福も見すえた□□□の考え方が重要になっている。

答え　①インターネット　②少子高齢　③持続可能な社会

PART 6 現代の日本と世界

145

意味つき索引

あ

アジア・アフリカ会議 ·········· 133
インドネシアのバンドンで開かれ、平和十原則が採択された会議

足尾銅山 ·········· 102、103
明治時代に下流域など周辺で鉱毒問題が発生した銅山

足利尊氏 ·········· 42、43
室町幕府を開いた人物

足利義満 ·········· 42、43、44、48
室町幕府3代将軍。明と貿易を行った

アヘン戦争 ·········· 81、82
1840年に起こったアヘンの密輸をめぐるイギリスと清の戦争

安政の大獄 ·········· 84
大老井伊直弼が行った一橋派への弾圧

安保闘争 ·········· 138
新日米安全保障条約の締結反対が激化した運動

井伊直弼 ·········· 82、84
朝廷の許可なく日米修好通商条約を結んだ江戸幕府の大老

イエズス会 ·········· 51、52、53
カトリック教会のなかでつくられた、海外布教を盛んに行った組織

異国船打払令 ·········· 82
日本に近づく清とオランダ以外の異国船の撃退を定めた法律令

伊藤博文 ·········· 94、99
日本の初代の内閣総理大臣になった人物

犬養毅 ·········· 119
満州国建国に反対し、海軍将校らに暗殺された首相

岩倉具視 ·········· 86、92
不平等条約を改正するための使節団の中心人物

院政 ·········· 34
天皇が位を譲って上皇となった後も実権を握って行う政治

インダス文明 ·········· 10
インダス川流域で生まれた文明

インド大反乱 ·········· 80
19世紀半ば、イギリスに対してインド人兵士がインド各地で起こした反乱

浮世絵 ·········· 68、74
江戸時代に都市の人々の風俗をもとに描かれた絵

打ちこわし ·········· 70、71、72、73
都市で発生した、米の買い占めや売りおしみをする商人への暴動

運慶 ·········· 39
鎌倉時代に金剛力士像などをつくった仏師

AI（人工知能） ·········· 144
人間の知能をもたせたコンピューターシステム

エジプト文明 ·········· 10
ナイル川流域で生まれた文明

江戸幕府 ·········· 58、59、61、62、65
徳川家康が江戸に開いた幕府

猿人 ·········· 8
約700万年前のアフリカ大陸に現れた人類の祖先

欧化政策 ·········· 97
鹿鳴館などの洋風建築物をつくり、西洋化をアピールした政策

奥州藤原氏 ·········· 33、35
東北地方で大きな勢力をもち、中尊寺金色堂を建てた一族

王政復古の大号令 ·········· 86
朝廷が出した、幕府や摂政・関白をなくし天皇を中心とする政治を行うという宣言

応仁の乱 ·········· 46、48、49
室町幕府8代将軍足利義政の後継ぎ問題などをきっかけに、京都で起こった戦い

大王 ·········· 18、19、20、22、23
大和政権（ヤマト王権）の王

織田信長 ·········· 54、55
楽市・楽座などの政策を行い、天下統一を目指した尾張国の戦国大名

お伽草子 ·········· 48
庶民を主人公にした絵本

か

貝塚 ·········· 14
海岸や水辺近くにつくられた、食べ物の残りかすを捨てたあと

「解放令」 ·········· 87
えたの身分・ひにんの身分を平民とする布告

学制 ·········· 88
6歳以上の男女すべてを小学校に通わせることにした制度

学童疎開 ·········· 127
戦時中、都会の児童を地方に避難させたこと

学徒出陣 ·········· 126
文系の大学生が徴兵され、戦場に送られたこと

化政文化 ·········· 74
19世紀はじめごろに江戸で栄えた庶民による文化

刀狩 ·········· 54、55、64
農民の一揆を防ぐため、農民から刀や弓などの武器を取り上げた政策

かな文字 ·········· 31
中国から伝わった漢字をもとにしてつくられた日本独自の文字

狩野永徳 ·········· 56
桃山文化のころに活躍した、城のふすまや屏風にはなやかな絵を描いた画家

株仲間 ·········· 71、82
幕府に営業の独占を認められた商工業者の同業者組合

鎌倉幕府 ·········· 34、35、36、38、40、41、42
源頼朝が神奈川県の鎌倉で開いた幕府

冠位十二階 ·········· 20
才能ある人物を採用するために、位を冠の色で区別した制度

勘合貿易 ·········· 44
室町幕府と明が行った、勘合という合い札を用いた貿易

『漢書』 ·········· 16
日本（倭）に100余りの国があることを記した中国の歴史書

関税自主権 ·········· 81、83、97
輸出入される商品へかける自国の関税率を独自に決める権利

寛政の改革 ·········· 71
江戸幕府老中の松平定信が行った改革

ガンディー ·········· 110、111
イギリスからのインド独立運動をおし進めた指導者

関東大震災 ·········· 115、117
1923年9月1日に関東地方で起きた大地震による災害

北大西洋条約機構（NATO） ·········· 132
アメリカを中心とする資本主義諸国で結成された軍事同盟

北山文化 ·········· 48
室町幕府3代将軍足利義満のころに栄えた文化

基本的人権の尊重 ·········· 130
生まれながらに持つ権利を保障した日本国憲法三大原則の一つ

旧石器時代 ……………………………… 9
今から約１万年前までの、新人が打製石器を使っていた時代

教育基本法 ……………………………… 129
小学校・中学校の９年間を義務教育とした法律

教育勅語 ………………………… 94、**95**、129
日本の教育の基本方針を示した明治天皇の勅語

狂歌・川柳 ……………………………… 74
幕府の政治を風刺し、民衆の生活を皮肉ってよまれた歌

狂言 ……………………………………… 48
能（能楽）の合間に演じられた喜劇

享保の改革 ……………………………… 70
徳川吉宗が行った、幕府の財政再建などを目指した改革

極東国際軍事裁判 ……………………… 129
東条英機など７名が死刑となった、連合国による軍事裁判

京都議定書 ……………………………… 145
1997年の温暖化防止京都会議で採択された、温室効果ガスの
排出規制を取り決めた協定

キリスト教 ……………… 11、50、51、52、53、56、60、61
イエスの教えをもとに、パレスチナで生まれた宗教

義和団事件 ……………………………… 98
清でおこった、列強の勢力を退けようという民衆の排外運動

空海 …………………………………… 28、29
高野山に金剛峯寺を建て、真言宗を開いた人物

蔵屋敷 …………………………………… 67
各地の藩の年貢米や特産物を管理していた建物

黒田清輝 ………………………………… 104
明治時代から大正時代にかけて活躍した印象派の洋画家

下剋上 …………………………………… 47
身分の低い実力のある者が上の者に打ち勝つ風潮

元寇 ……………………………………… 41
元による二度の日本への襲来で、文永の役と弘安の役のこと

原子爆弾 ………………………………… 127
広島、長崎に投下された、核分裂を利用した爆弾

遣隋使 ………………………………… 21、26
大陸の制度や文化を取り入れるために隋へ派遣された使節

遣唐使 ……………………………… 26、28、29
中国の文化や制度を取り入れるために唐へ派遣された使節

建武の新政 ……………………………… 42
後醍醐天皇が行った、天皇を中心とし、公家を重視する政策

権利の章典 ……………………………… 76
イギリスで、議会が王権よりも優位にあることを定めた法律

工場制手工業（マニュファクチュア） …… 72
工場で人を雇い、分業による共同作業で商品を生産する方式

高度経済成長 ………………… **136**、137、142
1950年代中ごろから1973年まで続いた日本の高い経済成長

高麗 ………………………… 29、**40**、41、44
10世紀に新羅を滅ぼして朝鮮半島を統一した王朝

御恩 ……………………………………… 35
鎌倉幕府の将軍が、御家人の先祖からの土地を認め、手柄に応
じて新しい土地を与えること

五箇条の御誓文 ………………………… 86
明治新政府が出した、新しい政治の基本方針

五か年計画 ……………………………… 109
ソ連など社会主義国が経済発展のためにたてた経済の政策

国学 …………………………………… 74、75
儒教が伝わる以前の日本古来の精神を学ぶ学問

国際連盟 ……………………… 110、111、119
1920年に設立された国際平和のための国際機構

国司 ………… 23、25、28、**30**、32、33、37、43
中央から地方に派遣され、地方の政治を行った役職

国分寺・国分尼寺 …………………… 26、27
聖武天皇が仏教で国を治めるために全国に建立させた寺院

国民主権 …………………………… 78、130
国の政治権力は国民にあるとした日本国憲法三大原則の一つ

国際平和維持活動協力法（PKO協力法） …… 143
国連の国際平和維持活動に協力することを内容とした法律

御家人 …………………… 34、**35**、36、41
鎌倉幕府において、将軍に忠誠を誓った武士

護憲運動 ……………………… 112、113、114
立憲政治を擁護する運動

小作争議 ………………………………… 114
地主に対して小作人が団結して小作料の減額などを求めた争い

五・四運動 ……………………………… 111
1919年5月4日に中国の北京ではじまった反日運動

55年体制 ………………………… 138、142
1955年から40年近く続いた自由民主党と日本社会党による体
制

御成敗式目（貞永式目） ……………… 36
鎌倉幕府の執権北条泰時が定めた、裁判の判断の基準を示した
法律

後醍醐天皇 ………………… 40、41、**42**、43
鎌倉幕府を滅ぼし、建武の新政を行った人物

国会開設の勅諭 ………………………… 93
10年後に議会を開設すると政府がした約束

国会期成同盟 …………………………… 93
愛国社が発展してできた組織

国家総動員法 …………………………… 121
議会の承認なしに、物資や労働力を戦争に動員できるようにし
た法律

小村寿太郎 ……………………………… 97
関税自主権を完全に回復させた外務大臣

米騒動 …………………………………… 113
シベリア出兵による米価高騰から起きた米の安売りを求める運動

墾田永年私財法 ……………………… 24、25
新しく開墾した土地の永久私有を認める法令

さ

西郷隆盛 ……………………………… 86、92
征韓論を唱えた人物

最澄 …………………………………… 28、29
比叡山に延暦寺を建て、天台宗を開いた人物

財閥 ………………… 100、**101**、129、136
第二次世界大戦が終わるまで産業経済界を支配した実業家

財閥解体 …………………………… 128、129
GHQによって行われた、戦後の日本の民主化政策

鎖国 ……………………………………… 61
外国との付き合いを制限し、日本人を海外に行かせない政策

薩長同盟 ……………………………… 84、85
土佐藩の仲立ちで結ばれた薩摩藩と長州藩の同盟

サラエボ事件 …………………………… 106
第一次世界大戦の契機になったオーストリア皇太子夫妻暗殺事件

三・一独立運動 ·············· 110
1919年3月1日に朝鮮ではじまった、日本からの独立運動

三角貿易 ·············· 81
19世紀ごろにイギリス・インド・清の間で行われた貿易

産業革命 ·············· 76、77、100、101、102
機械の改良や発明による経済や社会の変化

参勤交代 ·············· 59、67、70
江戸幕府が定めた、大名を1年ごとに江戸と領地を行き来させる制度

三国干渉 ·············· 98
ロシア・ドイツ・フランスが日本に遼東半島を返還するように迫った干渉

サンフランシスコ平和条約 ·············· 135、138
日本と連合国48カ国の間で結ばれた講和条約

自衛隊 ·············· 134、143
日本を防衛することを目的とした、陸上・海上・航空の3部隊

持続可能な開発目標（ＳＤＧｓ） ·············· 145
2015年に採択された、国際的に解決すべき17の目標

執権政治 ·············· 36
鎌倉幕府において、将軍を補佐する執権が中心となって行う政治

地頭 ·············· 35、36、37
源頼朝が荘園や公領ごとに置いた役職

シベリア出兵 ·············· 108、112
ロシア革命の影響を恐れた諸国がロシアへ出兵したこと

資本主義 ·············· 76、77、102、103、104、108、109、116、132、134、136
資本家が利潤を拡大するために、労働者を雇って商品を自由に生産する経済システム

下関条約 ·············· 98、99
日清戦争後の1895年に結ばれた、清が朝鮮の独立などを認めた講和条約

社会主義 ·············· 76、77、104、108、109、116、117、123、132、135、140
生産手段を共有し、労働者が中心の平等な社会を目指す考え方

シャクシャイン ·············· 63
17世紀後半に、松前藩と争いを起こしたアイヌの首長

朱印船貿易 ·············· 60
江戸幕府が出した朱印状という海外渡航を認める許可書をもらった西国の大名や長崎・京都の商人らが東南アジアで行っていた貿易

宗教改革 ·············· 50、51、52
ローマ教皇が免罪符を売り出したことを批判し、聖書をよりどころにしようと主張した改革

十字軍 ·············· 50、51
聖地エルサレムを取り戻すため、ローマ教皇が派遣した軍

十七条の憲法（憲法十七条） ·············· 20
聖徳太子が役人の心構えを示して定めた法令

自由党 ·············· 93、97
板垣退助が結成した政党

自由民権運動 ·············· 92、93、96、103
憲法をつくり、国会を開こうという運動

守護 ·············· 35
源頼朝が国ごとに置いた役職

守護大名 ·············· 42、43、46、47
室町時代に一国を支配した、守護が成長したもの

朱子学 ·············· 44、55、68、69
儒学の一派で、身分や立場の上下を重んじる学問

書院造 ·············· 48、49
床の間があり、畳を敷き詰めてふすまや障子で部屋をしきった建築様式

荘園 ·············· 25、30、32、35、36、37、43
墾田永年私財法をきっかけに貴族や寺社が広げた私有地

承久の乱 ·············· 36
1221年に後鳥羽上皇が政権を取り戻すために起こした戦い

聖徳太子（厩戸皇子、厩戸王） ·············· 20、21、22
推古天皇の摂政となり、天皇中心の国づくりを進めた人物

浄土真宗 ·············· 38、54
鎌倉時代に親鸞によって開かれた仏教

縄文土器 ·············· 14
表面に縄目の文様がある黒褐色の土器

白河天皇 ·············· 34
上皇となった後、院政を初めて行った天皇

辛亥革命 ·············· 118
1911年清を倒し中華民国を成立させた中国の革命

新人（ホモ・サピエンス） ·············· 8
約20万年前に現れた人類の直接の祖先

壬申の乱 ·············· 23
天智天皇の死後、後継ぎをめぐって起こった内乱

新石器時代 ·············· 9、10
農耕と牧畜がはじまり、磨製石器を使うようになった時代

菅原道真 ·············· 28、29
平安時代に遣唐使の停止を提案した人物

杉田玄白 ·············· 75
オランダ語の解剖書を翻訳し『解体新書』を著した人物

征夷大将軍 ·············· 28、29、35、42、58
朝廷から任じられる役職で、源頼朝以降、征夷大将軍が幕府を開いた

征韓論 ·············· 92
明治政府の、武力を用いて朝鮮へ開国を求める考え方

政党内閣 ·············· 112、113、118、119
議会の多数を占める党によって構成される内閣

世界恐慌 ·············· 116、117
1929年10月アメリカから広がった世界規模の大不況

関ヶ原の戦い ·············· 58
徳川家康側と豊臣秀吉の家臣であった石田三成側が争った戦い

石油危機 ·············· 142
産油国が行った石油戦略により世界に広がった経済混乱

摂関政治 ·············· 30、34
天皇が幼い時に摂政、成人後は関白として実権を握る政治

絶対王政 ·············· 78
国王がすべての権力をにぎる政治体制

戦国大名 ·············· 46、47、54、56
下剋上の風潮で現れた、守護大名に代わって国を支配した大名

禅宗 ·············· 38、48
鎌倉時代に伝わった、座禅によって悟りを開こうとする仏教

前方後円墳 ·············· 18、19
円墳と方墳を組み合わせた古墳

惣村 ·············· 46、47、48
有力農民を中心に自治を行う村

総力戦 ·············· 107、121
人、物資、資金など自国のすべてをかりだしての戦い

尊王攘夷運動 ·············· 75、84、85
天皇を尊び、外国勢力を排除しようとする運動

た

第一次世界大戦 ……………… **106**、107、108、110、111、
112、113、114、116、117
1914年にはじまったヨーロッパを主戦場とした世界規模の戦争

大化の改新 ……………………………… 22、23
中大兄皇子と中臣鎌足らが進めた天皇を中心とする政治改革

大逆事件 …………………………………… 104
幸徳秋水ら社会主義者12名が処刑されたできごと

太閤検地 ……………………… 54、**55**、64
豊臣秀吉が行った、ものさしやますを統一し、田畑や土地のよしあしなどを調べた政策

大正デモクラシー ………………… **112**、114
大正時代に広まった民主主義を求める風潮

大政奉還 ……………………………… 84、85
徳川慶喜が行った朝廷への政権返上

大政翼賛会 ………………………………… 121
全政党を解散し、戦争に協力させるためにつくられた統一組織

大戦景気 …………………………………… 112
第一次世界大戦による日本の好景気

第二次世界大戦 ………… 89、113、117、**122**、
125、126、132、136、140
枢軸国と連合国による二度目の世界大戦

大日本帝国憲法（明治憲法） ……… 94、130
1889年2月11日に天皇が国民に授けるという形式で発布された憲法

太平洋戦争 ………… 124、**125**、126、127、143
日本軍の真珠湾攻撃によりはじまった連合国との戦争

大宝律令 ……………………………… 23、24
唐のしくみを参考に定められた法律

平 清盛 ……………………………………… 34
源氏を倒して権力をにぎり、太政大臣になった人物

平 将門 ……………………………………… 33
10世紀半ばに関東地方で反乱を起こした人物

高床倉庫 ……………………………………… 15
ネズミや湿気を防ぐために床を高くした、米を貯蔵する倉庫

打製石器 ……………………………… 8、14
石どうしを打ち砕いてつくった石器

たて穴住居 ………………………… 14、18
地面にくぼみをつくり、柱に屋根をかけた住居

田中正造 ……………………………… 102、103
足尾銅山鉱毒事件を帝国議会で取り上げた人物

壇ノ浦の戦い ……………………………… 34
1185年に平氏が滅んだ戦い

治安維持法 ………………… 113、114、115
普通選挙法と同時に制定された共産主義運動を取り締まる法律

近松門左衛門 ……………………………… 68
江戸時代に人形浄瑠璃の台本を書いた人物

地租改正 …………………………………… 88
地価の3％を地租として現金で納めさせた税制

茶の湯 ……………………………………… 57
栄西が宋から伝えた喫茶の風習

中国文明 …………………………………… 12
黄河と長江（揚子江）の流域で発展した文明

中尊寺金色堂 ……………………………… 33
奥州藤原氏によって平泉に建てられた寺院

朝鮮戦争 …………………………………… 134
朝鮮民主主義人民共和国と大韓民国の間で起きた戦争

徴兵令 ……………………………… **88**、89
満20歳以上の男性に3年間義務づけられた兵役

朝鮮通信使 ………………………………… 62
江戸時代に、将軍の代がわりごとに朝鮮から派遣された使節

土一揆 ……………………………………… 46
農民などが借金の帳消しなどを求めて集団で行動を起こすこと

冷たい戦争（冷戦） ………… **132**、140、143
資本主義諸国のアメリカと社会主義諸国ソ連の、戦火を交えない対立

帝国議会 …………………………… 94、**96**、97
大日本帝国憲法における立法機関で、貴族院と衆議院の2つで構成されている機関

帝国主義 ………………… 78、**79**、110、133
資源や市場を得るために、武力で領土や植民地を広げる動き

出島 ………………………………………… 61
オランダ商館が移された、長崎の人工島

天安門事件 ………………………………… 141
中国の民主化を求める国民を、政府が武力で排除した事件

天智天皇 ……………………………… 22、23
中大兄皇子として大化の改新を進めた人物

天保の改革 ………………………………… 82
倹約や幕府の権威回復を目指した老中水野忠邦による改革

問屋制家内工業 …………………………… 72
問屋が農民に道具や原料を貸して商品を生産させ、完成品を買い取る生産方式

東京オリンピック大会 …………………… 136
1964年に東京で開かれたアジア初のオリンピック

東京大空襲 ………………………………… 127
東京を襲った、B29爆撃機による激しい攻撃

土偶 ……………………………………… 14、15
豊かな実りを祈るためにつくられたと考えられている土製の人形

徳川家康 ………………… 58、60、62、70
1603年に征夷大将軍に任命され、江戸幕府を開いた人物

徳川綱吉 ……………………………… 69、70
江戸幕府5代将軍。朱子学を重んじ、生類憐みの令を出した

徳川（一橋）慶喜 ……………………… 84、85
大政奉還を行った江戸幕府15代将軍

徳川吉宗 ………………………… 70、71、75
江戸幕府8代将軍。享保の改革を行った

特需景気 …………………………………… 134
朝鮮戦争により、戦後の日本の経済が回復に向かった好景気

徳政令 ……………………………………… 41
借金を帳消しとする法令

独ソ不可侵条約 ………………… 122、123
ドイツとソ連が結んだ、相互の安全を確保した条約

豊臣秀吉 ……… 25、54、55、56、58、62、64
尾張国の農民出身で、1590年に全国統一を果たした人物

渡来人 ………………………… 18、19、20
中国や朝鮮半島から日本に一族で移り住んだ人々

な

中継貿易 ……………………………… 45、53
他国から商品を輸入し、別の国に輸出する貿易の形態

奴国 ……………………………………… 16
1世紀半ばに福岡平野にあった倭の国の一つ

夏目漱石 ……………………………… 104、105
『吾輩は猫である』などの作品を残した人物

ナポレオン …………………………………… 78
1804年に皇帝の位に就いたフランスの軍人

南京条約 …………………………………… 81
香港の割譲などが決められた、アヘン戦争の講和条約

南蛮文化 …………………………………… 56
ポルトガル人やスペイン人との貿易によって日本に伝わった、ヨーロッパの文化の影響を受けた芸術や風俗

南北朝時代 …………………………………… 42
朝廷が南朝と北朝に分かれて対立した時代

二十一か条の要求 ……………… 107、110
第一次世界大戦中に日本が中国に出した要求

日独伊三国同盟 …………………………… 123
日本、ドイツ、イタリアにより結成された軍事同盟

日米安全保障条約 ……………… 135、138
日本の安全のためにアメリカ軍の駐留を認めた条約

日米修好通商条約 ………………… 82、83
1858年に結ばれた、日本にとって不平等な内容の条約

日米和親条約 ……………………………… 82
1854年、日本とアメリカが結んだ条約

日露戦争 ………… 97、98、99、100、101
1904年にロシアとの間ではじまった大規模な戦争

日韓基本条約 …………………………… 139
1965年に日本と韓国の間で結ばれた条約

日清戦争 ………… 98、99、100、101、104
1894年に清とのあいだで、朝鮮半島の支配をめぐって起こった戦争

日ソ共同宣言 …………………………… 135
日本とソ連の国交が回復した条約

日ソ中立条約 …………… 124、127、131
日本とソ連の間に結ばれた中立条約

日中共同声明 …………………………… 138
日本と中国の国交の正常化を発表した表明

日中戦争 ……………………… 120、121、139
盧溝橋事件をきっかけに起きた日本と中国の戦争

日中平和友好条約 ……………………… 139
1978年に日本と中国で結ばれた友好条約

日本国憲法 …………………………………… 130
1946年11月3日に公布、1947年5月3日に施行された憲法

日本町 ……………………………………… 60
朱印船貿易を行っていた日本人が東南アジアに移り住んでできた町

二毛作 ……………………………………… 36、37
同じ土地で1年の間に違う作物を育てること

ニューディール政策 ……………………… 116
世界恐慌に対してアメリカがとった経済施策

人形浄瑠璃 ……………………………… 57、68
三味線を伴奏に人形を操る芸能

能（能楽） …………………………………… 48
田楽や猿楽から発展した芸能

農地改革 ……………………………… 128、129
自作農増加を目的とした、日本の農業の民主化政策

は

廃藩置県 ……………………………… 86、87
明治政府が行った、藩をなくして府と県を置き、中央政府から府知事や県令を派遣した政策

白村江の戦い ……………………………… 23
百済と手を組んだ日本が唐・新羅の連合軍に敗れた戦い

幕藩体制 …………………………………… 58
将軍と各藩の大名が土地と人民を支配するしくみ

バブル経済 …………………………………… 142
1980年代後半に日本で起きた、土地や株が急激に上昇した好景気

阪神・淡路大震災 ……………………… 142
1995年に起きた、兵庫県淡路島が震源の巨大地震による災害

班田収授法 …………………… 24、25、30
戸籍にもとづき6歳以上の男女に口分田を与える制度

藩閥政府 ……………………………… 94、96
薩摩藩や長州藩などの特定の藩出身者で占められた政府

東日本大震災 …………………………… 142
2011年に起きた、三陸沖を震源とした巨大地震による災害

東山文化 …………………………………… 48
室町幕府8代将軍足利義政のころに栄えた文化

卑弥呼 ……………………………………… 16、17
3世紀ごろに邪馬台国を治めた女王

百姓一揆 ……………………………… 71、72、73
農民が年貢の軽減や代官の交代などを求めて抵抗した運動

ピューリタン革命 ………………………… 76
17世紀半ば、イギリスで国王を処刑し共和政を実現した革命

平塚らいてう …………………………… 114
女性の解放や参政権を求めて活動した人物、雑誌『青鞜』を創刊

ファシズム ……………………………… 116、117
民主主義や自由主義を否定する全体主義的な独裁政治

武家諸法度 ……………………………… 58、59
江戸幕府が定めた、大名を取り締まるための法令

富国強兵 …………………………………… 88
近代国家になるために、国力をつけ兵力を強くするためのスローガン

藤原純友 …………………………………… 33
10世紀半ばに瀬戸内地方で反乱を起こした人物

藤原道長 ……………………………… 30、31
摂関政治を行い、藤原氏の全盛期を築いた人物

藤原頼通 ……………………………… 30、31
藤原道長の子で、道長とともに藤原氏の全盛期を築いた人物

普通選挙法 ……………… 112、113、115
1925年に満25歳以上のすべての男子に選挙権を認めた法律

フビライ＝ハン ……………………… 40、41
モンゴル帝国5代皇帝で、国号を元とした皇帝

フランシスコ＝ザビエル ………………… 53
1549年に鹿児島に来て、日本にキリスト教を伝えた宣教師

フランス革命 ……………………………… 78
18世紀のフランスで、王政を廃止し共和政をうち立てた革命

ブロック経済政策 ……………………… 116
世界恐慌に対してイギリスやフランスなどがとった経済政策

分国法 ……………………………………… 46、47
戦国大名が、領国を治めるために独自に定めた法

文明開化 ……………………………… 90、91
日常生活に西洋風のものが取り入れられていった風潮

平安京 ……………………………………… 24，26，**28**
794年に現在の京都市に移された都

平城京 ……………………………… 24，26，27，**28**
710年に唐の都にならって現在の奈良県に移された都

兵農分離 …………………………………………… **55**
太閤検地と刀狩によって、農民と武士の身分がはっきり分かれたこと

平和主義 ……………………………… 130，**144**
日本が戦争を放棄することを定めた日本国憲法三大原則の一つ

ペリー …………………………………………… **82**
1853年、浦賀に来航し日本の開国を求めたアメリカの使節

ベルサイユ条約 ……………… 110，116，**122**
ドイツと連合国の間で結ばれた第一次世界大戦の講和条約

奉公 ……………………………………………… **35**
鎌倉幕府の御家人が、京都や幕府の警備や、戦いが起こった時に参加すること

北条時宗 ………………………………………… **40**
鎌倉幕府8代執権で、元寇の時に鎌倉幕府の指揮をとった人物

法然 ……………………………………………… **38**
浄土宗を開いた僧

法隆寺 …………………………………………… **21**
現存する最古の木造建築である、聖徳太子が建てた寺院

ポーツマス条約 ………………………………… **99**
日露戦争後の1905年に日本とロシアの間でアメリカの仲介により結ばれた講和条約

ま

磨製石器 …………………………………………… **9**
新石器時代に使用された、表面を磨いた石器

マゼラン船隊 …………………………………… **52**
16世紀前半に初めて世界一周に成功した船隊

松尾芭蕉 ………………………………… 68，**69**
元禄文化で活躍した俳人で、『奥の細道』を著した

松平定信 ………………………………………… **71**
寛政の改革を行った江戸幕府11代将軍に仕えた老中

満州事変 ……………………………… 118，**119**
1931年に日本の関東軍が満州を占領したできごと

源 頼朝 ……………………………… 34，**35**
平氏を滅ぼして鎌倉幕府を開いた人物

民撰議院設立建白書 ………………… 92，**93**
政府に提出された選挙や議会のしくみをつくるべきという意見書

民族自決 ………………………………………… **110**
民族は他民族の干渉を受けずに政治の決定を行うという考え方

民本主義 ………………………………………… **112**
吉野作造が提えた、政党内閣と参政権の確立を求めた主張

陸奥宗光 ………………………………………… **97**
領事裁判権の撤廃を実現させた外務大臣

室町幕府 ……………………………… 42，43，**54**
足利尊氏が京都で開いた幕府

明治維新 ………………………………………… **86**
江戸時代末から明治時代はじめに進められた一連の改革

名誉革命 ………………………………………… **76**
議会を尊重する国王を選んだ、イギリスの二度目の革命

メソポタミア文明 ……………………………… **10**
チグリス川とユーフラテス川にはさまれた地域で生まれた文明

毛沢東 …………………………………… 120，**132**
中華人民共和国を樹立した中国共産党の指導者

本居宣長 ………………………………………… **75**
『古事記伝』を著し、国学を大成した人物

桃山文化 ………………………………………… **56**
戦国大名や大商人らが中心となって栄えた、豪華な文化

や

八幡製鉄所 ……………………………… 100，**101**
日清戦争で得た賠償金をもとに福岡県に設立された官営の製鉄所

邪馬台国 ………………………………………… **17**
弥生時代に女王卑弥呼が治めていた国

大和政権（ヤマト王権） ……… 18，19，**20**
近畿地方に現れた王や有力豪族を中心とする強大な政治権力

弥生土器 ………………………………………… **15**
米の煮炊きや保存に使われた、薄くてかたい赤褐色の土器

ら

楽市・楽座 ……………………………………… **54**
座を廃止し、商工業者に自由な営業活動を認めた政策

蘭学 …………………………………………… 74，**75**
オランダ語を通じて、西洋の学問を研究した学問

立憲改進党 …………………… 93，96，97，**103**
大隈重信が結成した政党

琉球王国 …………………… 44，**45**，62，63，90
15世紀に尚氏が沖縄島を統一して建てた国

領事裁判権 …………………………… 81，**83**，97
外国人が罪を犯した場合、その国の領事が裁判を行う権利

ルネサンス ……………………………………… **50**
古代ギリシャやローマの文化を見直し、人間の個性や自由を表現しようとする風潮

レーニン ………………………………… 108，**109**
世界で初めての社会主義国家をつくったロシア革命の指導者

レジスタンス …………………………………… **122**
第二次世界大戦中に起きた、ドイツに対する民衆の抵抗運動

連歌 ……………………………………………… **49**
和歌の上の句と下の句を別々の人がつくる芸能

労働組合 ………………… 77，**102**，114，121，128
労働者が、労働条件を雇用者と交渉できるようにするための組織

労働争議 ………………………………………… **114**
資本家に対して労働者が団結して賃上げなどを求めた争い

六波羅探題 ……………………………………… **36**
承久の乱後に京都に設置され、朝廷の監視などを行った役所

ロシア革命 …………………… 108，109，**112**
1917年、世界初の社会主義政府をつくったロシアの革命

わ

倭寇 ……………………………………………… **44**
主に朝鮮半島や中国の沿岸で海賊行為を行った人々

ワシントン会議 ……………………… 110，**111**
1921年にワシントンで開かれた軍縮会議

ワルシャワ条約機構 …………………………… **132**
ソ連を中心とする社会主義諸国で結成された軍事同盟

【写真提供】
PIXTA（ピクスタ）、富岡市、シーピーシー・フォト、時事通信フォト／朝日航洋、平等院、中尊寺、ColBase、鹿苑寺、東京国立博物館所蔵、Image:TNM Image Archives、東大寺、等持院、国立歴史民俗博物館、龍安寺、Photo:Kobe City Museum/DNPartcom、相国寺、国立国会図書館、白山文化博物館、PPS通信社、衆議院憲政記念館所蔵、時事、陸上自衛隊HP

著者紹介

重野　陽二郎 （しげの・ようじろう）

◉──代々木ゼミナール日本史講師。神奈川県厚木市出身。

◉──大阪市立大学文学部卒業。大学卒業後より大学受験予備校の講師を務め、2001年から代々木ゼミナールの講師となる。「日本史論述」「ハイレベル日本史問題演習」「共通テスト日本史」「高校日本史」など、代ゼミで開講している日本史講座をすべて担当し、あらゆるレベルの受講生から絶大な支持を得る。

◉──講習会では、一部講師しか開講が認められていないオリジナル単科講座（「重野組の成功する受験日本史」）も担当。現在は本部校（東京・渋谷区代々木）・大阪南校・福岡校に出講し、「詳説日本史講義」「標準日本史問題演習」が全国の校舎・サテライン予備校に映像配信されるなど、全国区の講師として活躍中。

◉──文学部日本史学科で学んだ視点から、史料をもとに歴史をさまざまな角度より俯瞰する講義を展開する一方、歴史の"語り部"としてストーリーを生き生きと語るその授業は、生徒から「わかりやすくておもしろい」「歴史なのに楽しい」「歴史の本質がわかった」との声多数。日本史学科に進学し、高校の日本史教員になる受講生も多い。

◉──著書に、累計18万部のベストセラー『センター試験 日本史Bの点数が面白いほどとれる本』をはじめ、『重野式スーパーシート 日本史Bの必勝講義』『センター試験 日本史Bの点数が面白いほどとれる 超重要問題の解き方』『大学入試 日本史B論述問題が面白いほど解ける本』『センター試験 ネライ撃ちの日本史B』（いずれもKADOKAWA）などがある。

重野先生のメールアドレス：shigenogumi@yahoo.co.jp

かんき出版 学習参考書のロゴマークができました！

明日を変える。未来が変わる。

マイナス60度にもなる環境を生き抜くために、たくさんの力を蓄えているペンギン。
マナPenくんは、知識と知恵を蓄え、自らのペンの力で未来を切り拓く皆さんを応援します。

マナPenくん®

改訂版 中学校の歴史が1冊でしっかりわかる本

2018年 3月19日	初版　第1刷発行
2021年 5月17日	改訂版第1刷発行
2023年 2月24日	改訂版第4刷発行

著　者──重野　陽二郎
発行者──齊藤　龍男
発行所──株式会社かんき出版
　　　　東京都千代田区麹町4-1-4 西脇ビル　〒102-0083
　　　　電話　営業部：03(3262)8011代　編集部：03(3262)8012代
　　　　FAX　03(3234)4421　　　　振替　00100-2-62304
　　　　https://kanki-pub.co.jp/
印刷所──シナノ書籍印刷株式会社

・カバーデザイン
　Isshiki

・本文デザイン
　二ノ宮　匡（ニクスインク）

・DTP
　畑山　栄美子（エムアンドケイ）
　茂呂田　剛（エムアンドケイ）

・図版・イラスト
　佐藤　百合子